湖南理工职业技术学院教材出版基金资助

新时代大学生课外实践育人教程

理工读书

叶星成 李 科 | 主 编

電子工業出版社
Publishing House of Electronics Industry
北京 • BEIJING

内容简介

立德树人，读书先行。湖南理工职业技术学院多年来在读书育人方面不断探索、实践，构建了特有的“理工读书”育人模式。

本书分为读书愿景、读书时光、读书空间、读书心得四个篇章。第一篇章绘出了学校党委“建设书香理工、引领书香湖南、给力书香中国”的读书愿景，含《理工思政》及解读、《理工书单》及解读等；第二篇章分为笃行、创新、引领三章，精选汇编湖南理工职业技术学院2011年—2023年部分读书月活动，讲述学校师生的读书时光；第三篇章从读书环境、读书平台、读书活动、读书联盟等方面构建了学校的读书空间；第四篇章分别从修身、做人、处事三方面汇编了师生们的读书感悟。

本书旨在引导青年学生读书明理、读书增智、知书达礼，争当能工巧匠、大国工匠，培养新时代高素质技术技能人才，助力湖南职业教育内涵式高质量发展。

图书在版编目（CIP）数据

新时代大学生课外实践育人教程：理工读书 / 叶星成，李科主编. —北京：电子工业出版社，2023.9
ISBN 978-7-121-46296-2

Ⅰ.①新… Ⅱ.①叶… ②李… Ⅲ.①湖南理工职业技术学院－学校管理 Ⅳ.①G719.286.43

中国国家版本馆CIP数据核字（2023）第175412号

责任编辑：左　雅
印　　刷：北京缤索印刷有限公司
装　　订：北京缤索印刷有限公司
出版发行：电子工业出版社
　　　　　北京市海淀区万寿路173信箱　邮编　100036
开　　本：787×1092　1/16　印张：14　字数：358千字
版　　次：2023年9月第1版
印　　次：2023年9月第1次印刷
定　　价：65.00元

凡所购买电子工业出版社图书有缺损问题，请向购买书店调换。若书店售缺，请与本社发行部联系，联系及邮购电话：（010）88254888，88258888。

质量投诉请发邮件至zlts@phei.com.cn，盗版侵权举报请发邮件至dbqq@phei.com.cn。

本书咨询联系方式：（010）88254580，zuoya@phei.com.cn。

《理工读书》编委会

编写组

主　　编：叶星成　李　科

副 主 编：刘　洋　何　瑛

编写组成员：文其知　杨明球　陈扬芳　谢小军
刘希悦　周　娜　李季甫　杨小英
田　灿

人生大美是读书（代序）

1. 读书无关美与丑

读书很重要。我觉得人与人之间的差距，就是一本书的厚度。

丑人读书如雪中送炭。我所讲丑人，不是指貌丑之人，泛指所有先天条件比较差、发展基础不太好的人。人无贵贱之分，但有出身之别，人无法选择自己的出身、改变自己的先天，但可以规划自己的未来、书写自己的人生。知识改变命运。无论是谁，知识都不能从妈妈肚子里与生俱来。腹有诗书气自华，胸育丘壑多读书。丑人读书，蓄后天之长补先天之短，化被动之局为主动之势，绵绵用力，久久为功，善莫大焉。

美人读书似锦上添花。这里的美人，也不是指美女，泛指一切先天条件比较好、发展基础不太差的人。单就女人之美来讲，读书与不读书、多读书与少读书，其美之别大相径庭。如名垂史册的千古女性中，"第一才女"李清照，其婉约清新的过人才情珠圆玉润、悦目赏心，典雅别致的知性之美挥之不去、历久弥新。相较之下，纯如沉鱼落雁、闭月羞花的容貌之美，历经岁月剥蚀，给人的观感总会大打折扣。读书人之美，美得深刻、美得持久、美得动人。

伟人读书将如虎添翼。书入常人之手，丑人增色、美人添香。书入伟人之手，光风霁月，气象万千。毛泽东一辈子嗜书如命，当属读书之楷模。新中国成立后，老人家回到母校湖南一师，饱含深情地讲："我没有正式进过大学，也没有到外国留过学，我的知识、我的学问，是在一师建立的基础。"我与一师的小娇校长探讨过，湖南一师是主席读书最久的地方，但同时代同学校的同学那么多，为什么唯有毛泽东脱颖而出"问苍茫大地，谁主沉浮"？我看，答案在读书。前段时间，我们班赴韶山开展党性锻炼，我听到一个石破天惊的数字，主席老人家一生读了21000册书！21000册是什么概念？约合每日一书，读书之多远非常人所及。刚才，我的同桌在其副校长谈到他家图书馆有藏书2000册，我想这已经很多了，哪怕是未曾全读。而毛主席这两万多册书，不仅全读，很多还是反复研读，一部《资治通鉴》就读了17遍，真正的生命不息、读书不止。青年时，他读《共产党宣言》，坚定报国之志，探寻救国之道，树立了共产主义远大理想。抗战时，他读《战争论》，如沐春风，融会贯通。中国科学院张首晟院士《向败将学习——两部兵书的启示》一文，对此作了生动的历史回放。法德战争后，双方将官分别就拿破仑的制胜法宝进行了总结，战胜方法国的结论是拿破仑的大炮用得好，战败方德国的结论是拿破仑的军、政、外交统筹好。德国这部书

On War，就是《战争论》，通过斯洛传到主席手中，他看完后，挥笔写下了不朽名著《论持久战》，英文叫 *On Protracted War*，其战略思想醍醐灌顶。伟人读书如虎添翼，站在巨人肩膀上的人才是真正的巨人。所以说，人与人的差距不怕天远地远，就怕与书无缘。

2. 多将流年付经典

好花不常开，好书不常在。如何在有限的生命里读到更多的书、更好的书，方法不一而足，管用无非两条。

一是选择性地读。特别要多读经典。经典是经过时间淘漉和历史沉淀的文化精品，是深入人心、世代流传的原创典籍。读经典，不会浪费你的宝贵时间，不会混淆你的价值视听。读经典，也应有所选择，不是所有的经典都值得你读。你应重点阅读与你生活、工作息息相关的经典，关注什么就读什么，追求什么就读什么，缺少什么就读什么，精挑细选地读，有的放矢地读，不要捡到篮子里就当菜，读到哪里算哪里。

二是比较性地读。这是“死书读活”的关键一招。读经典，不能咬文嚼字掉书袋。我比较主张读原著的同时，辅读一些必要的注疏或者解读，有助加深理解。比如，四大名著、四书五经，等等，那都是前人在几百年甚至上千年前写的，读这些书，一千个人可能有一千种理解，这些理解究竟是不是作者的本意？你也不可能去问他。读书重在增知长智、重在立德长技，这些理解是不是作者的本意并不重要，重要的是其中有没有让你耳目一新的“理解”，如果有，一字即可为师；没有，再多也是徒劳。

比如读《论语》：“有朋自远方来，不亦乐乎”，我长期困惑于传统理解：有朋友从远方来，有什么值得高兴的呢？就算是高兴，也没有必要大写特写呀？后来，读完南怀瑾的《论语别裁》，我一下子豁然开朗了，原来句中之“远”，并非空间之远，而指时间之远。孔夫子当年率弟子周游列国如丧家之犬，虽四处碰壁、不被待见，但依然乐此不疲、屡挫屡奋。究竟是什么给了他如此巨大的力量？是人生的信念！“自信人生二百年，会当击水三千里”。数百年后，董仲舒提出“罢黜百家独尊儒术”为汉武帝所接受，西汉后期，儒家思想逐渐成为历代统治者所推崇的正统思想，也逐渐成为中国传统文化的主流思想。这些表明他的所有坚持都是有意义的。读《论语别裁》，我对《论语》有了更深的理解。

再如读《水浒传》：以前三番五次看，大都在江湖豪客的恩怨情仇中悲喜纠结，极少关注作者的创作动机。最近，读了一篇关于水浒传书名由来的文章，收获不小。水浒一词源自《诗经》：“古公檀父，来朝走马，率西水浒，至于岐下”，原指西周故郡周原，周人发家之地，借指人生的出路所在、梦想开始的地方。用典“水浒”，寄寓了作者对“在野”梁山好汉们人生出路的深深思考和淡淡忧虑。他们找到出路没有？没有。他们替天行道，为什么找不到出路？因为其“道”不足以引领当时、号令天下，注定了“被招安”的悲剧性结局。

没有坚定的信念很难有顽强的意志，没有先进的思想不会有光明的前景。马克思列宁主义揭示了人类社会历史发展的规律，是当今世界先进的思想，实现共产主义是我们党的最高理想和最终目标，建设中国特色社会主义是现阶段我国各族人民的共同理想。增强“四个意识”、坚定“四个自信”、做到“两个维护”。两部书的比较性阅读，进一步坚定了我的共产主义理想信念。

3. 读书明理贵知行

教书育人，根本在人，关键在书。大学立德树人，关键要让大学生回归读书。去年，我从发改委调任学校后，会同党委一班人，主推的第一项工作，就是凝心砍好“三板斧”、聚力读好一本书。

第一斧：悉心践行理工校训精神。立德首在明理。我校有个很好的校训，叫“明理知行，精工致远”，将明理作为学校育人的第一要义。为落实这一精神，本届班子结合新时代学生成长的特点和职业教育的特色，开门见山地明确了三大方面九大道理，引导学生读书明理、知行合一。一是明勤学、俭朴、乐观的修身之理。勤学是一个人成长、成熟、成功的动力之源，非学无以广才；俭朴太重要了，艰苦朴素、艰苦奋斗，什么时候都不过时，一个不懂得俭朴、经常入不敷出的人，很难有可持续的廉政；乐观是攻坚克难的基石、是幸福生活的先决，一个郁郁寡欢的人很难有大的作为。跳江而死的屈原，抑郁早逝的贾谊等，乐观如能再多点，生命或许更精彩。二是明诚信、合作、自律的做人之理。诚信是公民的第二身份证，合作是社会发展的重要动力，自律是社会和谐的安全阀，安身立命缺一不可。三是明敬业、专长、创新的处事之理。一个团队最怕三种人：一是敷衍塞责的人，二是身无所长的人，三是抱残守缺的人。立德树人须防微杜渐、引以为戒。

第二斧：量身打造理工经典书单。明理重在读书。校党委按照“三年学制、每周一书”的规模，围绕以上道理按图索骥，从浩如烟海的馆藏图书中撷珠取玉，推荐图书 156 种，辑目成单，简称《理工书单》，这是目前网上可查的我国第一个由校党委审定推出的高校育人书单，引导学生读以修身、读以做人、读以处事，以课外之书辅课内之学，以生活之理长生存之技。这一规模高出全国人均阅读量水平，位于世界人均阅读量中上水平。打造书香理工，引领书香湖南，给力书香中国，我们在行动。

第三斧：着力组织理工读书活动。主要有四大内容，简称“四个一”育人活动：一是“每周一书”，要求师生一个星期至少读一本书，不一定要本本精读，但至少要说得出子丑寅卯。二是“每课一讲”，不管是什么专业的课，都要坚持“课前一分钟”演讲，学生轮流讲，老师指导讲，谈读书心得，悟人生真谛。三是“每日一记”，学而不思则罔，思而不学则殆，要求学生勤学勤思、学有所悟、日有所记。四是“每人一语”，从师生所思所悟所记中，去粗取精，编目成册，打造《理工论语》，激励教学相长、师生共进。“四个一”文化育人活动深入开展，引起了上下广泛关注，受到了各方一致好评，全校读书蔚然成风。有人半开玩笑半认真地对我说：“书记书记，你是每周一书、每日一记，简称‘书记’！”

——校党委书记叶星成在省委党校第 85 期厅级领导干部进修班读书心得交流会上的发言

读中华经典　做大国工匠

目　录

第一篇　读书愿景

第一章 《理工思政》及解读

第一节 《理工思政》

为进一步贯彻习近平总书记关于高校思想政治工作的重要讲话精神、全国宣传思想工作会议和全国教育大会精神，根据教育部《高校思想政治工作质量提升工程实施纲要》（教党〔2017〕62号）；中共湖南省委、省人民政府《关于加强和改进新形势下高校思想政治工作的实施意见》（湘发〔2017〕7号）的文件要求，落实省发改委党组“四个走在前列”要求，促进学校第二次党代会“四个一流”发展目标实现，持续推进学校内涵发展，特色发展，结合工作实际，制定学校思想政治工作质量提升工程实施方案（简称《理工思政》）。

一、指导思想

以习近平新时代中国特色社会主义思想为指导，全面贯彻党的十九大精神，贯彻全国、全省高校思想政治工作会议精神和全国教育大会精神，全面贯彻党的教育方针，坚持马克思主义指导地位，坚持中国特色社会主义教育发展道路，坚持社会主义办学方向，遵循教育规律，坚持改革创新，围绕培养什么人、怎样培养人、为谁培养人这一根本问题，办好人民满意学校。

二、总体目标

紧紧围绕统筹推进“五位一体”总体布局和协调推进“四个全面”战略布局，坚持和加强党的全面领导，充分发挥中国特色社会主义教育的育人优势，以立德树人为根本，以理想信念教育为核心，以社会主义核心价值观为引领，以全面提高人才培养质量为关键，强化基础、突出重点、建立规范、落实责任，一体化构建内容完善、标准健全、运行科学、保障有力、成效显著的高校思想政治工作质量体系。总体规划为：坚持一大根本任务，明确三大总体要求，抓实六大重点领域，把握十二大关键环节，融汇“十大”育人体系，实施二十大主要活动，建设六大特质理工，构建“三全”育人格局，打造不治自理的文明校园。整个过程中，“明理知行，精工致远”的校训贯穿始终，引导教师博爱博学、求实求新，做“有理想信念、有道德情操、有扎实知识、有仁爱之心”的“四有”好老师；引导学生勤学勤思、笃信笃行，做“有执着信念、有优良品德、有丰富知识、有过硬本领”的“四有”好学生。着力协调好学校、家庭、社会的关系，形成合力，共同培养德智体美劳全面发展的社会主义建设者和接班人，培养担当民族复兴大任的时代新人。

三、基本原则

（一）坚持育人导向，突出价值引领。全面统筹办学治校各领域、教育教学各环节、人才培养各方面的育人资源和育人力量，推动知识传授、能力培养与理想信念、价值理念、道德观念的教育有机结合，建立健全系统化育人长效机制。

（二）坚持遵循规律，勇于改革创新。遵循思想政治工作规律、教书育人规律和学生成长规律，坚持以师生为中心，把握师生思想特点和发展需求，优化内容供给、改进工作方法、创新工作载体，激活学校思想政治工作内生动力。

（三）坚持问题导向，注重精准施策。聚焦重点任务、重点群体、重点领域、重点区域、薄弱环节，强化优势、补齐短板，加强分类指导、着力因材施教，使工作接地气、有生气、聚人气，不断提高师生的获得感。

（四）坚持系统谋划，打造特色品牌。围绕育人目标，精心谋划各项活动主题，有体系、成系列，用好用活各育人载体和平台，提升活动内涵，打造立标准、树标志、做标杆的特色育人品牌，展现出彩理工。

（五）坚持协同联动，强化责任落实。加强学校党委对思想政治工作的领导，落实主体责任，建立党委统一领导、部门分工负责、全员协同参与的责任体系。加强督导考核，严肃追责问责，把“软指标”变成“硬约束”。

四、主要任务

通过开展二十大校园精品活动，着力建好“信念理工、书香理工、精美理工、幸福理工、自律理工、出彩理工”六大特质理工，悉心念好“理、文、美、情、志、网”立德树人“六字诀”。

（一）注重以“理”服人，建设信念理工

理想指引着人生方向，信念决定着事业成败。人民有信仰，国家才有力量，民族才有希望。建设信念理工，坚持晓之以理，统筹学校组织、课程、实践等育人环节，重点推出对标争先、思政半月谈、理工“青马”等三大育人活动，引导师生始终把理想信念教育放在首位，增强“四个意识”、坚定“四个自信”、做到“两个维护”，使师生形成共同理想、共同步调，在中国共产党的领导下走中国特色社会主义道路，为实现中华民族伟大复兴中国梦而努力奋斗。

1. 对标争先

坚持“党建引领、对标一流、争先进位”的导向，着力开展“头雁工程”“示范工程”“先锋工程”，培育省级党建工作标杆院系、省级党建工作样板支部、省级支部书记“双带头人”标兵、党务工作示范岗与优秀青年党员教师岗，充分发挥基层党组织战斗堡垒作用，大力提升基层党建质量，创建湖南省党建工作示范高校。

2. 思政半月谈

按照“知行合一、学以致用”的要求，统筹抓好教职工双周二的思想政治理论学习活动，提升教职工的思想政治理论水平与素养，讨论梳理各课程所蕴含的思政元素和所承载的思

政教育功能，推动以“课程思政”为目标的课堂教学改革，增强课程思政的融入性、针对性与有效性；开展半月一次的思政课集体备课，提升思政课程的吸引力、说服力与感染力；实现思想政治教育与知识体系教育的有机统一。

3. 理工“青马”

按照“党有号召，团有行动”的要求，围绕理工“青马”品牌，着力开展“青马”工程培训、青年志愿者活动、“三下乡”暑期社会实践、社团文化艺术节等活动，通过教育培训和实践锻炼等行之有效的方式，提高大学生骨干、团干部等青年学生的思想政治素质、政策理论水平、创新实践能力和组织协调能力，进一步坚定学生走中国特色社会主义道路的信念。

（二）注重以“文”化人，建设书香理工

立德首在明理，明理重在读书。建设书香理工，坚持道之以文，统筹学校课程、文化、实践、科研等育人环节，重点推出教学比武周、技能竞赛月、“四个一”文化育人、青年教师论坛、君子莲大讲堂等五大育人活动，引导师生多读书、读好书，涵养师生书生气、书卷气，引导师生读书明理、知行合一、增知长智、修德炼技。

4. 教学比武周

坚持“人人参与、相互切磋、取长补短、共同进步”的导向，对标教师职业核心素养，比传道技能，融课程思政，促授业质量。立足课程，对接国家、省级教学赛项精神与规则，科学设计学校教学比武活动方案，严格标准，精心组织，充分展示教师教学风采，引导老师争先创优、互鉴互促，不断提高业务能力与教学水平，持续促进人才培养质量提升。

5. 技能竞赛月

坚持“重高峰更重高原、重赛技更重育人”的导向，厚植执着专注、精益求精、一丝不苟、追求卓越的工匠精神，练就过硬本领，掌握过硬技能。立足专业，对接国家、省级技能竞赛精神与规则。科学设计学校技能竞赛活动方案，严格标准，精心组织，引导师生比学赶帮、争先求进，力求以比促教、以比促学、以比促改。

6. “四个一”文化育人

遵循学生成长成才规律，遵循教师教书育人规律，依托《理工书单》，按照“每周一书、每人一语、每课一讲、每日一记”总体要求，通过丰富多彩的主题文化活动，引导学生多读、多思、多说、多写，引导学生修身、做人、处事，育理工特色职业情怀。

7. 青年教师论坛

着眼全省发展改革大局，立足学校立德树人根本，鼓励支持青年教师积极参加省发展和改革委一年一度的青年干部论坛，开展专题研究，加强交流互鉴，拓宽知识视野，展示青年教师风采，加快青年教师成长，促进学校一流教师队伍建设。

8. 君子莲大讲堂

坚持高端定位，突出育人主题，邀请社会知名专家学者、企业家、道德模范、各界名流来学校传经送宝、传道解惑，拓师生视野，提师生修为，促师生成长，强学校内涵，树

学校品牌。

（三）注重以“美”育人，建设精美理工

环境是育人的隐性课堂。建设精美理工，坚持化之以美，统筹学校管理、服务、文化等育人环节，重点推出“3无”校园、“6S”寝室、“7S”实训室建设等三大育人活动，群策群力，共建共享，创建精巧别致、干净卫生、舒适宜人的工作学习环境。

9.“3无”校园

坚持“健康性、教育性、有序性、活动性、经济性”相结合，多措并举，齐抓共管，教师以身作则，学生严于律己，确保学校四季有花开、校区无裸土，四处有人管、校区无垃圾，四围有禁令、校区无吸烟。

10.“6S”寝室

按照“整理、整顿、清扫、清洁、安全、素养”6S管理标准，提高宿舍管理水平，营造“宿舍是我家”的温馨氛围，评选出一批“示范文明寝室”，树立寝室建设标杆，使课堂育人与环境育人此呼彼应，相辅相成，不断提升学生自我管理能力，养成良好生活习惯。

11.“7S”实训室

按照“整理、整顿、清扫、清洁、安全、素养、节约”7S管理标准，规范实训室管理，强化专业教师引导责任意识，将管理主体落实到学生，培养师生良好的工作、学习习惯，全方位、全过程培养学生职业素养。

（四）注重以“情”感人，建设幸福理工

幸福是一种感受与追求，是学习开心、工作快乐、生活无忧。建设幸福理工，坚持动之以情，统筹学校管理、服务、心理、资助等育人环节，重点推出“双元”辅导员、“525”心理健康节、“三个一”强身健体、“千里马”助学、“3防”校园、“3安”食堂等六大育人活动，消除师生后顾之忧，引导学生强身强心，教育学生知恩感恩，增强师生“以校为家”的归属感、责任心和自觉性。

12.“双元”辅导

按照“人人有责、人人尽责”的要求，建立“一生双导”工作机制，将教师做好“四个引路人”的育人职责落实到每个学生。以严管为重点，全面加强学校专职辅导员队伍建设，明确任务，压实责任，强化考核，切实发挥学生工作的骨干作用。以信任为基础，积极探索学校兼职辅导员队伍建设，学校总体指导、统筹支持，师生自由搭配、灵活结对，做到“每生有辅”“每师参辅”，协助做好学生成长成才的指导工作。

13.“525”心理健康节

按照“师生并重、点面兼顾”的要求，科学设计“525”心理健康节活动内容，着力构建教育教学、实践活动、咨询服务、危机干预、平台保障“五位一体”的心理健康教育工作格局，力求以集中强心活动带动日常健心教育，以点上心理疏导促进面上人文关怀，以心理健康素质与思想道德、科学文化素质协调发展，引导学生自信满满、永不放弃，自强不息、永不放任，自律坚守、永不放纵。

14. “三个一”强身健体

按照“一人一天至少锻炼一小时”的要求，全面落实“健康第一”的教育理念。科学设计体育锻炼项目，上好上足学生体育课，常抓不懈阳光健康跑，精心组织师生运动会和各类体育活动，营造良好的体育文化氛围，养成良好的体育锻炼习惯，在体育中锻炼意志，在运动中体会美好，人人参与，天天受益，绵绵用力，久久为功。

15. “千里马”助学

按照“因困施助、因材施助”的要求，将纾难解困与育技育才有机结合起来。全面落实国家资助政策，精准、规矩、高效做好贫困生的资助工作。着力创新学校助学模式，融自理、资助、创业、科研、劳育等为一体，统筹推出一批特别助学岗位，实施“以工代资、以工助育”，确保有困难、有抱负、有才干、有意愿的“千里马”学生“食饱、力足、才美外现”，培养学生忠党爱国、孝亲敬师、勤俭节约、艰苦奋斗的良好品行。

16. “3 防”校园

按照“安全第一、预防为主、联防联治”的要求，着力抓好“人防、物防、技防”三防建设，全面完善安全机制、健全安全制度、强化安全管理。重点加强内部安全保卫组织和制度建设，责任明确；加强重点区域、重点场所、重点部位防护、防盗、照明、消防、交通安全等安全设施建设，保障有力；加强重点区域、重点场所、重点部位视频监控、防盗报警、消防报警等电子管理系统建设，管用实用。

17. “3 安”食堂

按照“安全第一、服务优质”的要求，全面加强学校餐饮管理，确保食堂、小卖部等校内各类餐饮场所“管理机制安全、食材采购安全、成品制作安全”。采购食材必须渠道正规、手续齐全、运输合规、保管得当。食品加工工艺流程科学、合理，生产加工过程严格、规范，生产关键工序控制到位。就餐秩序井然、习惯良好，不争抢拥挤、不奢侈浪费。

（五）注重以“志”励人，建设自律理工

自律是一种能力和美德，是己所不欲、勿施于人。建设自律理工，坚持励之以志，统筹学校管理、组织等育人环节，重点推出典礼励志、“910”理工故事会等两大育人活动，悉心构建高度自律的校园文化，打造不治自理的文明校园，激励广大教职工争先创优、遵纪守法、以身作则、为人师表。

18. 典礼励志

按照“简约清爽、稳健大气”的要求，精心组织开学典礼暨军训总结表彰、升国旗、五四文艺晚会、元旦晚会、毕业典礼等重大师生集会活动，丰富育人内涵，浓厚育人氛围，提升育人功能，引导学生树立对人民的感情、对社会的责任、对国家的忠诚，激励师生心忧天下、胸怀祖国、情系理工，激励学生立报国之志、学一技之长、明读书之理、做社会主义建设者和接班人。

19. “910”理工故事会

按照“以人为镜可正衣冠”的古训，在每年教师节，精心组织学校师德楷模、名师大家、学术带头人等榜样标杆讲述学校“四个一流”建设中的精彩故事，以身边事促身边事，

以身边人感身边人，激励广大教职员工学先进、赶先进，奔一流、创一流，争做博学博爱、求实求新的理工新师。

（六）注重以“网”络人，建设出彩理工

谁赢得了网络，谁就赢得了青年。建设网上理工，坚持汇之以网，统筹学校文化、管理、服务等育人环节，把学校办到互联网上，把课堂建到学生“掌”上，拓展育人空间，展示理工风采。

20. 网上理工

按照“既能面对面也能键对键”的要求，重点建设校园新媒体、理工易班等网络平台，探索创建网上党建园地、网上党校、网络课堂等思政平台，培养网络力量，丰富网络内容，加强网上管理，净化网络空间，守护网络理工。

五、实施保障

（一）强化组织领导

学校党委将切实负起政治责任和领导责任，把高校思想政治工作列入重要议事日程，做到每年至少专题研究一次，做好分析研判和相关工作的统筹指导。建立健全学校大学生思想政治教育工作领导小组的工作机制，更好地指导学校思想政治工作质量提升工程的组织实施。各牵头部门研究制定活动方案，落细落小活动任务。

（二）加强经费保障

学校思想政治工作质量提升工程所需经费，纳入学校年度预算。各活动组织简约而不简单、经费够用而不铺张。

（三）健全激励机制

学校思想政治工作，涉及教职工的纳入部门和教职工年度绩效考核，涉及学生的纳入学生学年综合测评。纪检监察审计处负责检查督促。

（四）抓好宣传教育

统筹学校各级类新闻媒体，宣传推广先进典型、优秀成果，比学赶帮，互促共进，不断开创学校思想政治工作新局面。

第二节 《理工思政》解读

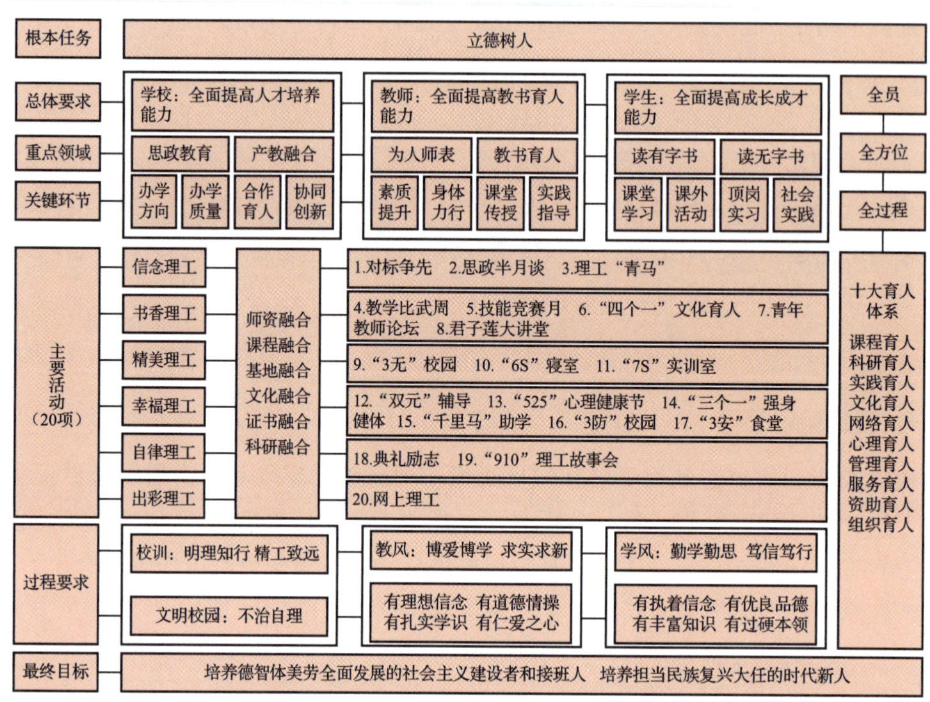

湖南理工职业技术学院立德树人总体规划图

一、学校推出《理工思政》主要基于哪些考虑?

国无德不兴，人无德不立。学校第二次党代会提出“创造一流办学条件、建设一流教师队伍、培养一流应用人才、实现一流内部治理”(简称“四个一流”）建设目标，其中“培养一流应用人才”是重中之重。出台《理工思政》就是为了让教师更好地传道授业解惑，让学生更好地立志立德立技，培百年老店，育时代新人。力求“三个进一步”：一是进一步完善学校内部治理机制，落细落小“4321”治理总体部署，更加务实高效地办学治校。二是进一步提升学校人才培养质量，尽职尽责教书育人，更加规范有序地立德树人。三是进一步丰富学校“有核无边”育人内核，有名有实育人活动，更加凝心聚力地铸造理工品牌。

二、学校推出《理工思政》主要遵循哪些原则?

《理工思政》是学校在中国特色社会主义进入新时代、高等职业教育面临新任务的大背景下悉心推出的一份立德树人“洛河书”，是学校在坚持特色发展、注重内涵办学的大理念下精心制定的一份教书育人“推背图”。为了制定好这个方案，我们重点把握和遵循了以下原则。

一是坚持教学合一、按学定教。

按照“着力培养德智体美劳全面发展的社会主义建设者和接班人、着力培养担当民族复兴大任的时代新人”的目标要求，坚持不懈地培育“博爱博学、求实求新”的优良教风，大力推动以“课程思政”为目标的课堂教学改革，优化课程设置，完善教学设计，加强教学管理，不断提高学生的获得感，实现思想政治教育与知识体系教育水乳交融、有机统一，实现课程思政与思政课程同向同行、协力共举。

二是坚持知行合一、因材施教。

按照“既读有字之书也读无字之书”的过程要求，坚持不懈地培育“勤学勤思、笃信笃行”的优良学风，科学设计不同年级、不同专业学生课内课外、校内校外、网上网下教学安排，挖掘育人要素，完善育人机制，优化评价激励，强化实施保障。引导学生读懂课内之书，博览课外之书，养文化自信，拓知识视野，长人生智慧；引导学生参加校园文化活动、参与社会实践活动，在活动中增知长智，在实践中修德长才。

三是坚持赛育合一、以比促教。

按照“重高峰更重高原，重赛技更重育人”的活动要求，坚持不懈地践行“明理知行、精工致远”的理工校训，合理安排内容丰富、别开生面的“教学大比武、读书大比文”系列活动，展示教与学的成果、展示师与生的风采，比而知不足、比而明目标，学而补短板、学而缩差距，教而传匠心、教而授技能，以比促教、以比促学、以比促改，引导老师争先求进、为人师表、身体力行，引导学生比学赶帮、读书明理、知书达礼。

三、《理工思政》谋篇布局有些什么特点?

《理工思政》是学校立德树人的顶层设计，谋篇布局力求简约、清爽、稳健、大气。具体说，注意把握了三点。

一是着眼上，力求“顶天立地”。

只有高屋建瓴，才能水到渠成。顶天立地，就是要上连天线、下接地气、中入人心，浑然一体、融会贯通。学思践悟习近平新时代中国特色社会主义思想，贯彻落实全国全省高校思想政治工作会议和全国宣传思想工作会议、全国教育大会精神，原汁原味不走样。全面把握长株潭地域特点、发改委主管特征、理工文专业特色，统筹学校办学治校各领域、教育教学各环节、人才培养各方面的育人资源和力量，推动知识传授、能力培养与理想信念、价值理念、道德观念教育有机融合，形式多样不拘泥。始终遵循思想政治工作规律、教书育人规律和学生成长规律，坚持以师生为中心，把握师生思想特点和发展需求，因事而化，因时而进，因势而新，优化内容供给、改进工作方法、创新工作载体，激活学校思想政治工作内生动力。

二是着力上，力求“老店常新”。

只有开拓创新，才能万古长青。老店常新，就是要校小而不小其志、位低而不低其求，继往开来，砥砺前行，培“百年老店”，育时代新人，倾情建设职教新湘军、奋勇拼搏“中国特高校”。2018 年时逢学校建校 40 周年，明理知行四十不惑，精工致远百年常新。“周虽旧邦，其命维新”，“苟日新，日日新，又日新”，“不日新者，必日退”。一年多来，学校牢牢抓住全面提高人才培养能力这个核心点不放，坚持创新立校、开放办学，对外开疆拓土、探索“有核无边”新模式，对内提质增效、打造立德树人新品牌，形成了良好发展势头。潮平两岸阔，风正一帆悬。回首来路近，凝眸前程远。学校未来发展，必须坚持不懈地走质量立校、品牌强校的路子，坚持不懈地走特色发展、内涵发展的路子，自信满满、永不放弃，自强不息、永不放任，自律坚守、永不放纵。

三是着手上，力求“大题小做”。

只有大题小做，才能深入浅出。大题小做，就是要从日常做起、从小事做起、从自身做起，知行始行知成，致广大尽精微。坚持问题导向，有的放矢、对症下药，不牵强附会、无病呻吟。积极应对国际国内形势深刻复杂变化等大问题，妥善处理教书育人、教学科研协调发展不够等难问题，着力解决思想政治工作针对性、吸引力不强等老问题。坚持创新理念，去粗取精、删繁就简，不因循守旧、墨守成规。围绕立德树人根本任务，悉心构建“三全”育人格局，完善“十大育人体系”，推进六大特质理工建设，打造二十大精品育人活动。坚持目标导向，尽力而为、量力而行，不虚张声势、故弄玄虚。活动方案设计，有标准、有标志、有标杆，可量化、可监督、可比较。涉及教职工的一律纳入年度绩效考核，涉及学生的一律纳入学年综合测评，把“软指标”变成“硬约束”，让“小活动”发挥“大作用”。

四、《理工思政》核心内容有些什么讲究？

《理工思政》六大特质理工二十大育人品牌活动，力求体现立德树人新要求、职业教育新需求和理工育人新追求，“明理知行、精工致远”是贯穿其中的灵魂和红线，旨在引导学生不断提高思想水平、政治觉悟、道德品质、文化素养，做有执着信念、有优良品德、有丰富知识、有过硬本领的时代新人。

第一，建设信念理工，重在以理服人。

这是理工思想政治工作的重中之重，是坚持社会主义办学方向的本质要求。理想指引人生方向，信念决定事业成败。建设信念理工，就是要引导师生始终把理想信念教育放在首位，全面加强马列主义、毛泽东思想、中国特色社会主义理论体系学习，学懂弄通悟透习近平新时代中国特色社会主义思想，不断提升思想政治素质，增强“四个意识”、坚定“四个自信”、做到“两个维护”。学校统筹组织课程等育人环节，重点推出对标争先、思政半月谈、理工“青马”等三大育人活动，坚持党建带团建、团建促党建，提升思政课程的吸引力、说服力、感染力，加强课程思政的融入性、针对性、有效性，引导全体师生树立中国特色社会主义共同理想，引导先进分子树立共产主义远大理想，为实现中华民族伟大复兴中国梦而埋头苦干、埋头苦读。

第二，建设书香理工，重在以文化人。

这是理工思想政治工作的点睛之笔，是引领书香湖南、给力书香中国的经典之作。“古今来许多世家无非积德，天地间第一人品还是读书”。建设书香理工，就是要引导全体师生多读书、读好书，涵育师生书生气、书卷气。学校统筹课程、文化、实践、科研等育人环节，重点推出教学比武周、技能竞赛月、“四个一”文化育人、青年教师论坛、君子莲大讲堂等五大育人活动，引导师生修身做人处事、立志立德立技，做无惑无忧无惧、有情有义有恒的理工新人。其中“四个一”文化育人获省教育厅创新大学生综合素质培养模式实践立项支持，是学校的经典育人活动，要求学生“每周一书、每人一语、每课一讲、每日一记”，引导学生多学多思多说多写，培育学生勤学、俭朴、乐观、诚信、合作、自律、敬业、专长、创新等理工特质职业素养。青年教师论坛刚刚收官，技能竞赛月已经开锣，教学比武周举办在即，这些活动接二连三，人人参与，日日不绝，场场精彩。

第三，建设精美理工，重在以美育人。

这是理工思想政治工作的题中之义，是美化育人环境、浓厚育人氛围的大事难事。“入鲍鱼之肆，久而不闻其臭；入芝兰之室，久而不闻其香”。环境是一本形象生动、鲜活立体的教科书，是一个润物无声、育人无形的大课堂。建设精美理工，就是要抓细抓小、抓常抓少，不断为学校添光增彩，不断让学校活色生香。学校统筹管理、服务、文化等育人环节，重点推出“3 无”校园、“6S”寝室、“7S”实训室管理等三大育人活动，力求“校区无裸土、四季有花开，校区无垃圾、四处有人管，校区无吸烟、四围有禁令”，室内窗明几净、窗外鸟语花香，校园花开花谢，师生共建共享，寒来暑往身处花园之中，早出晚归如“入芝兰之室”，闭目逸思遄飞，睁眼神清气爽。

第四，建设幸福理工，重在以情感人。

这是理工思想政治工作的恒久之计，是保证学生开心学习、快乐生活的暖心之举。讲原则、重感情、干实事，是学校班子的“约法三章”，重感情三分天下而居其一。建设幸福理工，就是要引导全体教师视学校如家庭、视同事如家人、视学生如孩子，引导全体学生视教师如父母、视同学如姊妹，以情感人、以情动人，悉心关怀、悉心呵护，相互理解、相互帮衬。学校统筹管理、服务、心理、资助等育人环节，重点推出“双元”辅导、“525”心理健康节、“三个一”体育、“千里马”助学、“3 防”校园、“3 安”食堂等六大育人活动。“双元”辅导，每位教职工都要联系学生、协助辅导员工作，每位学生都有专兼职辅导员对口负责，“两把钥匙开一把锁”。“三个一”体育，要求一人一天至少锻炼一小时，一目了然，言简意赅。“千里马”助学，融资助、创业、科研、劳育为一体，一石多鸟，事半功倍。诸如此类，帮助学生纾难解困，引导学生强身强心，教育学生知恩感恩，培养忠党爱国、孝亲敬师的品德，养成勤俭节约、艰苦奋斗的品行。

第五，建设自律理工，重在以志励人。

这是理工思想政治工作的不拔之策，是实现一流内部治理的关键一招。三流治理靠人管，二流治理靠制治，一流治理靠文化。三种模式大同小异，同在都有人管、制治、文化的成分，异在各自分量大相径庭，失之毫厘，谬以千里。文化重在点拨，需教育才能觉悟；制度重在奖惩，须明示才算合理；人管重在务实，须换位才会合情。以文化人的结果便是不治自理，是治理的最高境界。建设自律理工，就是要悉心构建高度自律的校园文化、打造不治自理的文明校园，让文占七分、制占二分、人占一分，无为而无不为。学校统筹文化、组织、管理等育人环节，重点推出典礼励志、“910”理工故事会两大育人活动。典礼励志，利用开学（军训）、毕业、五四、元旦、升国旗（每月一次）等重大集会场合，传道授业，释疑解惑，引导学生树立对人民的感情、对社会的责任、对国家的忠诚。理工故事会，通过请学校师德楷模、名师大家、学术带头人等榜样标杆现身说法、示范引领，“天边不如身边，道理不如故事”，激励广大教职员工争先创优、遵纪守法，做“有理想信念、有道德情操、有扎实学识、有仁爱之心”的理工新师。

第六，建设出彩理工，重在以网络人。

这是理工思想政治工作的压轴之作，是信息化时代立德树人的必需之举。互联网突破了传统的校区边界、知识边界，刷新了传统的时空距离、心空距离。天下大事，尽在“掌”握，给青年学生提供了广阔的交际空间、认知渠道，给思政工作带来了全新的育人体验、树人挑战。“谁赢得了互联网，谁就赢得了青年”。建设出彩理工，就是要推动思想政治工作传统优势同信息技术高度融合，把学校办到互联网上，把课堂建到学生“掌”上，既可“面对面”，也能“键对键”。学校统筹文化、管理、服务等育人环节，重点建设校园新媒体、理工易班等网络平台，探索创建网上党建园地、网上党校、网络课堂等思政平台。培养网络力量，丰富网络内容，加强网上管理，净化网络空间，守护网上理工。

五、《理工思政》与立德树人是什么关系?

立德树人是根本。《理工思政》是学校立德树人的核心。学校提出培百年老店、育时代新人，就是要让理工更像理工，努力实现“三个始终”：始终坚持社会主义办学方向，狠抓思政工作不松劲；始终坚持服务区域经济发展，狠抓产教融合不放手；始终坚持培育理工特质职业素养，狠抓读书明理不懈怠。着眼“三个始终”进行“1+3”顶层设计：“1”即“4321”内部治理机制，“3”即《思想政治工作质量提升工程实施方案》《产教融合工作质量提升工程实施方案》（简称《理工产教》）和《“每周一书”推荐书单》（简称《理工书单》）。“4321”治理机制，就是围绕学校“四个一流”目标制定“三年行动计划”，明确连续两年考核不称职或排位最后的教职工，给予免职或待岗培训处理；触碰党风廉政建设底线的教职工，实行一票否决，当年考核不称职，当年免职。这是学校立德树人的“筋骨”，已于2022年开始运行。2023年推出的《理工思政》，着重从学校、教师、学生三方面谋划，以及着重从专业、课程两方面谋划的《理工产教》共同构成“学校内部质量保证体系诊断与改进方案”中五大横向主体建设目标任务。《理工书单》，就是按照修身做人处事三大方面九大道理荐书156种，作为重点育人书目推荐给学生课外阅读，已经发布。上述的“3”是学校立德树人的“血肉”，协同支撑学校“4321”治理机制，落实学校立德树人任务。

六、学校对培“百年老店”有何特别考虑?

培“百年老店”是学校深化产教融合的形象说法，这在《理工产教》“师资、课程、基地、文化、证书、科研”六大融合谋划中将有很好体现。培“百年老店”不是要把学校办成商业化店子，而是要为学校注入产业基因，为学生注入工匠精神。职教就应办出职教的样子。高职的特色在产教融合，优势也在产教融合，产教要真融真合、深融深合，产业就应多向教育靠，企业就应多向学校亲，教育就要多同产业融，学校就要多同企业合，让学生招生即招工、进校即进“店”。诚信、合作、自律、敬业、专长、创新……百年老店有太多可资职业教育吸收的“养分”，打造教育界的“百年老店”，培养产业界的“匠心传人”，学校在努力。

七、《理工思政》对德智体美劳有何预期?

德智体美劳是人生素质定位的基本准则，是人类社会教育的趋向目标，你中有我，我中有你，相互依存，相得益彰。如果把一个人的成长成才看成是建设一处家园，那么“德育是把屋扫净，智育是把门打开，体育是把房盖牢，美育是把灯点亮，劳育是把家建美”。古人说：一屋不扫，何以扫天下？学校教书育人，始终要把学生立德作为当务之急、摆在重中之重，融入全方位、贯穿全过程，人人有责、人人尽责、人人负责，《理工思政》就是本着这一原则统筹谋划、精心推出的。

——原文《百年老店　时代新人——校党委书记叶星成谈立德树人》载于红网时刻新闻

第二章 《理工书单》及解读

第一节 《理工书单》

学校立德树人，坚持德技双修、以德为先。立德首在明理，明理重在读书。学校根据立德树人要求、职业教育需求和理工育人追求，明确学生在校期间需重点读懂三方面九大理：一，修身方面，明勤学、俭朴、乐观之理。二，做人方面，明诚信、合作、自律之理。三，处事方面，明敬业、专长、创新之理。按照“三年学制、每周一书”原则按图索骥，共推荐书目 156 种，鼓励学生读以修身、读以做人、读以处事，以课外之书辅课内之学，以生活之理长生存之技，做社会主义可靠接班人、合格建设者和幸福生活者。

《理工书单》共分三大类九个方面（共 156 种）。

一、修身篇（48 种）

（一）勤学（16 种）

1.《习近平的七年知青岁月》中央党校采访实录编辑室
2.《马克思传》萧灼基
3.《恩格斯传》萧灼基
4.《毛泽东传》〔美〕罗斯·特里尔
5.《钱学森传》叶永烈
6.《袁隆平传》祁淑英
7.《苏东坡传》林语堂
8.《近思录》朱熹
9.《传习录》王阳明
10.《神逻辑》〔美〕阿里·阿莫萨维
11.《向成功者学习什么》王朝辉
12.《向毛泽东学读书》孙宝义
13.《学习之道（第 2 版）》〔美〕乔希·维茨金
14.《如何阅读一本书》〔美〕莫提默·J. 艾德勒
15.《与大数据同行：学习和教育的未来》〔英〕维克托·迈尔-舍恩伯格
16.《朗读者》董卿

（二）俭朴（10 种）

1.《政治的人生》王沪宁

2.《转念的力量》费勇
3.《朴素的人生真理》〔美〕肯特・纳伯恩
4.《自控力》〔美〕凯利・麦格尼格尔
5.《做人要低调　说话要幽默》卢康
6.《傅雷家书》傅雷
7.《平凡的世界》路遥
8.《各自的朝圣路》周国平
9.《自在独行》贾平凹
10.《岛上书店》〔美〕加・泽文

（三）乐观（22 种）

1.《毛泽东诗词欣赏》周振甫
2.《做最好的自己》李开复
3.《活出最乐观的自己》〔美〕马丁・塞利格曼
4.《快乐生活的 50 个秘密》〔美〕梅洛迪・贝蒂
5.《心态是一种选择》孙日峰
6.《向着光亮那方》刘同
7.《美的历程》李泽厚
8.《愿你的青春不负梦想》俞敏洪
9.《梦想还是要有的，万一实现了呢》郭斯特
10.《哈佛积极心理学笔记：哈佛教授的幸福处方》王滟明
11.《不抱怨的世界》〔美〕威尔・鲍温
12.《动机与人格》〔美〕马斯洛
13.《论人的成长》〔美〕罗杰斯
14.《我们为什么工作》〔日〕大山泰弘
15.《我们仨》杨绛
16.《牛棚杂忆》季羡林
17.《文化苦旅》余秋雨
18.《老人与海》〔美〕海明威
19.《假若给我三天光明》〔美〕海伦・凯勒
20.《相约星期二》〔美〕米奇・阿尔博姆
21.《中国音乐美学史》蔡仲德
22.《现代艺术 150 年》〔英〕威尔・贡培兹

二、做人篇（56 种）

（四）诚信（10 种）

1.《曾国藩家书》曾国藩

2.《三字经》温信子
3.《诚信是金》乐贵忠
4.《诚信的故事》何晓明
5.《做人的底线》郝士钊
6.《诚信的种子》〔美〕保罗 • 詹森
7.《信任的力量》〔美〕戴维 • 霍萨格
8.《世界上的另一个你》〔美〕朗 • 霍尔
9.《天龙八部》金庸
10.《唐吉诃德》〔西班牙〕塞万提斯

（五）合作（20 种）

1.《水浒传》施耐庵
2.《三国演义》罗贯中
3.《西游记》吴承恩
4.《红楼梦》曹雪芹
5.《资治通鉴》司马光（互见《读通鉴论》）
6.《读通鉴论》王夫之
7.《史记选》王伯祥
8.《易中天中华史》易中天
9.《方与圆全集》蓝天
10.《驾驭合作》姜沈利
11.《影响力》〔美〕罗伯特 • 西奥迪尼
12.《社会契约论》〔法〕卢梭
13.《不可不知的礼仪》夏志强
14.《语言与社会生活》陈原
15.《如何讲话有逻辑，怎样说服有力量》朗世荣
16.《好好说话：新鲜有趣的话术精进技巧》马薇薇、黄执中、周玄毅等
17.《这样说话最受欢迎》李安
18.《卡耐基：做一个会说话会办事的聪明人》〔美〕戴尔 • 卡耐基
19.《非暴力沟通》〔美〕马歇尔 • 卢森堡
20.《解忧杂货店》〔日〕东野圭吾

（六）自律（26 种）

1.《论语》孔丘（参读《论语译注》杨伯峻、《论语别裁》南怀瑾）
2.《周易》姬昌
3.《孟子》孟子
4.《老子》老子
5.《庄子》庄周

6.《大学》曾子

7.《孝经》孔子及其弟子

8.《我们的经典》李零（参读《论语译注》）

9.《中国古籍经典漫画》蔡志忠（互见《老子》《庄子》《孟子》《大学》，参读《论语译注》）

10.《自律力》〔美〕马歇尔·古德史密斯 /〔美〕马克·莱特尔

11.《社会学大纲》李达

12.《中国一定能：用核心价值观托起未来》李松

13.《古文观止》吴楚材

14.《朱子家训》朱柏庐

15.《弟子规》李毓秀

16.《蒙书讲义》李里（互见《弟子规》《朱子家训》）

17.《海国图志》魏源

18.《太极图说》周敦颐

19.《中国史纲要》翦伯赞

20.《中国民族简史》吕振羽

21.《中国哲学简史》冯友兰

22.《西方哲学史》〔英〕罗素

23.《中国伦理学史》蔡元培

24.《明朝那些事儿》当年明月

25.《历史哲学》〔德〕格奥尔格·威廉·弗里德里希·黑格尔

26.《人类简史》〔以色列〕尤瓦尔·赫拉利

三、处事篇（52 种）

（七）敬业（12 种）

1.《朱镕基讲话实录》《朱镕基讲话实录》编辑组

2.《敬业的人最受欢迎》姜文刚

3.《自动自发》何山

4.《感恩做人，敬业做事》薛杰耀

5.《将来的你，一定会感谢现在拼命的自己》汤木

6.《互联网 + 工匠精神》杨润

7.《做事的底线》洪朴正

8.《你只是看起来很努力》李尚龙

9.《说不尽的外交》李肇星

10.《敬业精神》杨建刚，何伟

11.《人生永远没有太晚的开始》〔美〕摩西奶奶

12.《我在故宫修文物》萧寒

（八）专长（16 种）

1.《唐浩明评点梁启超辑曾国藩嘉言钞》唐浩明
2.《千年金融史》〔美〕威廉 · 戈兹曼
3.《阿图医生（第 1 季）》〔美〕阿图 · 葛文德
4.《领悟国学智慧提升职业素养》金迪
5.《责任引领未来》资中筠
6.《团队正能量》项前
7.《儒家管理思想论》陈德述
8.《道家的管理之道》张与驰
9.《拿业绩说话用结果证明》丁川
10.《洛克菲勒的人生智慧》郑一
11.《不可不学的管理学 32 定律》彦涛
12.《经济学原理》〔美〕曼昆
13.《有效的管理者》〔美〕彼得 · 德鲁克
14.《正能量》〔美〕克里斯汀 · 拉尔森
15.《国富论》〔英〕亚当 · 斯密
16.《匠人匠心：愚直的坚持》〔日〕稻盛和夫，山中伸弥

（九）创新（24 种）

1.《习近平谈治国理政》习近平
2.《共产党宣言》马克思、恩格斯
3.《资本论》马克思
4.《毛泽东选集》毛泽东
5.《邓小平文选》邓小平
6.《江泽民文选》江泽民
7.《胡锦涛文选》胡锦涛
8.《智能浪潮》（美）布雷特 · 金
9.《第四次工业革命》〔德〕克劳斯 · 施瓦布
10.《移动互联网时代：生活、商业与思维的伟大变革》易北辰
11.《中国科学技术史》〔英〕李约瑟
12.《创新思维与创造力》曾国平
13.《创新者的心智模式》〔美〕约翰 · 斯维尼
14.《大众创新》〔美〕埃里克 · 冯 · 希佩尔
15.《牛根生创业人生》《赢在中国》项目组
16.《敢拼，世界就是你的》木沐
17.《思维导图》〔英〕东尼 · 博赞
18.《社群思维：精神商业时代的创新创业法则》付岩

19.《天才在左，疯子在右》高铭
20.《格力女王董明珠》文茜
21.《任正非：管理的真相》孙力科
22.《李彦宏：专注成就百度人生》郭宏文
23.《搜索张朝阳》天宇
24.《马云内部讲话》阿里巴巴集团

第二节 《理工书单》解读

一、学校推出《理工书单》主要基于哪些考虑？

教书育人，根本在人，关键在书。学校第二次党代会提出“四个一流”建设目标，其中“培养一流应用人才”是重中之重。出台《理工书单》就是为了引导理工学子多读书、读好书，读书明理，知书达礼，建一流学校，育一流人才。力求“三更好、三共进”：一是更好地贯彻党的教育方针、落实立德树人根本任务，推动老师教书与学生读书有机融合，教学相长，师生共进。二是更好地贯彻学校办学理念、践行校训精神，推动明理知行与精工致远有机融合，知行合一，文理共进。三是更好地营造勤学勤思读书氛围，打造书香理工，推动读书明理与知书达礼有机融合，笃信笃行，学思共进。

二、学校推出《理工书单》主要遵循哪些原则？

《理工书单》是学校在中国特色社会主义进入新时代、立德树人面临新任务的大背景下探索推出的一份育人书单，是学校在坚持特色发展、注重内涵办学的大理念下研究制订的一份明理书单。书之香，在藏，更在读。从浩如烟海的馆藏图书中撷珠取玉，是一项高雅工作，也是一项高难动作。为了制订好这一书单，我们重点把握和遵循了以下原则。

一是坚持立德与练技相结合。

干事创业，技很重要，德很关键。学校立德树人，始终坚持德技双修、以德为先。《理工书单》主要侧重课外人文书籍，旨在引导学生读课外之书、辅课内之学，明生活之理、练生存之技，充分发挥学生读书明理在学校立德树人中的不可替代作用。

二是坚持鸿篇与微著相结合。

大著作蕴含大智慧，小故事能讲大道理。《理工书单》不拘一格、大小兼收，有自成体系的鸿篇巨制，也有短小精悍的经典名篇。如，《习近平谈治国理政》统筹“五位一体”，协调“四个全面”，高屋建瓴，博大精深；《资治通鉴》纵贯上下千余年，行文洋洋数百万，毛泽东毕其一生十余次批阅仍手不释卷。再如，《弟子规》《朱子家训》等，多则千把字，少则几百字，字字珠玑，微言大义。

三是坚持管用与实用相结合。

管用，就是能充分发挥学校育人功能；实用，就是要充分激发学生读书兴趣。《理工书单》

应师生之需、融师生之智、汇师生之力，注重把握二者结合点，寓教于读，寓读于乐。小书单折射大世界，时涉古今、地及中外，事关政、经、文、史、哲等各领域，一单在手，读书不愁。小书单还有小讲究，书目既有历久弥香的经史子集、现身说法的名人传记，也有妇孺皆知的四大名著、喜闻乐见的《天龙八部》，一书在读，心悦诚服。书单坚持师生共建共享、不断推陈出新，确保内容鲜活、与时俱进，力求“每周一书单，相看两不厌”。

三、《理工书单》谋篇布局有些什么特点?

《理工书单》是一份有个性的书单，谋篇布局力求致广大尽精微，散而不乱，简而不单，困而不难。具体说，注意把握了以下三点。

一是功能上，力求明理知行。

立德首在明理，明理重在读书。学校结合学生成长特点和职业教育特色，明确学生在校期间需重点读懂三方面九大理：一，修身方面，明勤学、俭朴、乐观之理。二，做人方面，明诚信、合作、自律之理。三，处事方面，明敬业、专长、创新之理。所荐书目，均以理为据，按图索骥，引导学生读以修身、读以做人、读以处事。

二是结构上，力求统筹兼顾。

选篇开合有度，开在品类，合在经典，让学生循读书源头，养文化自信，拓知识视野，长人生智慧，分门别类，各有侧重。政治上突出引领，明确要求研读党和国家领导人系列著作。文化上重视传统，大力提倡精读诸子百家等经典名著。视野上强调开放，积极主张选读适量的外国书籍。时代上注重聆听，悉心推荐泛读明理性畅销书籍。

三是数量上，力求见贤思齐。

打造书香理工，引领书香湖南，给力书香中国，提升阅读量是当务之急和重中之重。

学校按照“三年学制、每周一书”的原则，力求每个学生在校期间至少读书 156 本，即每年不低于 52 本书，这一规模高出全国人均阅读量，可保持世界阅读中上水平。

四、《理工书单》对明九大道理有什么讲究?

天下书万万千，世上理明不完。《理工书单》预期的三方面九大理，力求体现立德树人要求、职业教育需求和理工育人追求，“安身立命”和“待人处事”是贯穿其中的灵魂和红线，旨在引导青年学生勤以修身、夯实人生基础，诚以做人、拓展人生空间，敬以处事、实现人生价值。

第一方面：修身，明勤学、俭朴、乐观之理。

孔子说：绘事后素。比喻有良好的质地，才能进行锦上添花的加工。明修身之理，就是要将勤学、俭朴和乐观，作为人生最重要的三种底色读懂、悟透、修身，力求生活有着落、精神有寄托。

勤学，是人生成长、成熟、成功的源头活水，是生存的不二法门。玉不琢不成器，人不学不知道，综观古今中外，大凡成功之人皆为勤学之士。书单从传记、哲学、教育、文学几大类书籍中精选了 16 个书目，其中《习近平的七年知青岁月》作为理工书单第一书目隆重推荐。

俭朴，是人生踏实、行稳、致远的基本前提，是生命的固有本色。历览前贤国与家，成由勤俭败由奢，艰苦奋斗精神任何时候都是不可或缺的必修课。书单从政治、哲学、语言、文学几大类书籍中精选了10个书目，其中首推王沪宁的《政治的人生》。

乐观，是人生攻坚、克难、制胜的重要基础，是生活的幸福先决。人有悲欢离合，月有阴晴圆缺，此事古难全，心态决定命运，悲观者山穷水尽，乐观者柳暗花明。书单从哲学、文学、历史等几大类书籍中精选了22个书目，其中首推周振甫的《毛泽东诗词欣赏》。

第二方面：做人，明诚信、合作、自律之理。

做事先做人，做人先立德。德不厚而人不立，人不立则事不成。明做人之理，就是要将诚信、合作和自律，作为人生最基本的三项原则坚定、坚持、坚守，力求做人有分寸、处事有底线。

诚信，是公民处事的“第二身份证”，是人生立德的当务之急。人无诚信不立，家无诚信不和，业无诚信不兴，国无诚信不宁。书单从哲学、文学等几类书籍中精选了10个书目，其中首推《曾国藩家书》。

合作，是人类社会赖以生存和发展的重要动力，是人生立德的重中之重。无合作不社会。“一支竹篙难渡汪洋海，众人划桨开动大帆船”，彼此平等，相互尊重，共同成就，合作的力量是巨大的。书单从哲学、政治、语言、文学、历史等几大类书籍中精选了20个书目，其中首推四大名著，从草根阶层、帝王将相、神仙鬼怪、达官显贵等不同层面生动阐述了社会合作的重大现实意义；力推司马光的中华书局版《资治通鉴》、王伯祥的《史记选》和易中天的《中华史》，从时间、人物、空间等不同角度真实再现了社会合作的深远历史意义。

自律，是社会和谐的安全阀、保险箱，是人生立德的必需之举。无自律不人生。自律是一种修养，更是一种修为，行万里路，持三尺戒，己所不欲，勿施于人。讲自律，就是讲规矩。书单从哲学、政治、语言、历史等几大类书籍中精选了26个书目，其中基本是历史性经验总结，讲道理的多，讲故事的少。首推孔子的《论语》，半部《论语》治天下，其理之要可见一斑。参读南怀瑾的《论语别裁》，特别的书给特别的你。

第三方面：处事，明敬业、专长、创新之理。

修身、做人，最终是为了处事。明处事之理，就是要将敬业、专长和创新，作为人生最可贵的三重境界追求、历练、成就，力求干事有责任，成事有办法。

敬业，是高效处事之基，就是要召之即来，愿干、肯干，有真情怀。不挑肥拣瘦，不偷懒耍滑。书单从哲学、文学等几大类书籍中精选了12个书目，其中首推《朱镕基讲话实录》。

专长，是高效处事之要，就是要来之能战，会干、能干，有真本事。工欲善其事，必先利其器；没有金刚钻，不揽瓷器活。书单从哲学、经济管理等几大类书籍中精选了16个书目，其中首推《唐浩明评点梁启超辑曾国藩嘉言钞》，力推《千年金融史》《阿图医生（第1季）》。

创新，是高效处事之魂，就是要战之能胜，善干、敢干，有真担当。创新是引领发展的第一动力。书单从领袖著作、哲学、经济管理、语言、文学、历史等几大类书籍中精选了24个书目，其中首推《习近平谈治国理政》，坚持解放思想、实事求是、与时俱进、求真务实，以全新的视野深化对共产党执政规律、社会主义建设规律、人类社会发展规律的认识，进行艰辛理论探索，取得重大理论创新成果，创立了习近平新时代中国特色社会主义思想。同时，力推《智能浪潮：增强时代来临》。

五、《理工书单》对知书达礼有什么预期?

预期之“礼”既是学校“一流应用人才”所应需，也是学校“一流教师队伍”所应备，概括说是六个字：可靠、合格、幸福。可靠，就是政治上过硬，做坚定的社会主义接班人；合格，就是技能上过关，做出色的社会主义建设者；幸福，就是生活上过好，做快乐的社会主义共享者。具体可表述为“三无”“三有”。

“三无”，是指无惑、无忧、无惧。

无惑是安身的基础，只有心里有底、肚里有数、脑里有方，才能嘴中有谱、手上有法、脚下有路。无忧是立命的核心，一个忧心忡忡的人难有大的作为，要以从容平和的心态，用乐观主义的精神，干力所能及的事情，不消极，不懈怠。无惧是自强的关键，只有无惧的人才有开拓性，不墨守成规，不循规蹈矩，只有无惧的人才有进取心，敢于扶正祛邪，敢于较真碰硬。

“三有”，是指有情、有义、有恒。

有情是待人之道。情是很私人的东西，每个人内心深处，都有一方动人的情愫，或亲情，或友情，或爱情，这是生活的原动力，做人应做有情人。有义是立业之本。义有民族大义、国家大义，是一种团队精神，是一种责任担当；心忧天下，胸怀祖国，义最能打动人、感召人，因为义是无私的，只有义字当先，才会一呼百应。有恒是成事之要。滴水穿石，不是滴水力量大，而是坚持功夫深；只要功夫深，铁杵磨成针。

——原文《读书明理　知书达礼——校党委书记叶星成谈‘理工书单’》载于理工官微

《理工书单》及其解读

诗意遐想丨湖南理工职院“每周一书”推荐书单

第一次怀揣梦想从家乡的远方而来，
青春的拉杆箱里收纳成才的夙愿。
缓缓地步入湖南理工职院的青青校园，
也分外惊喜地收悉在校园缥缥缈缈的书单。

勤学、俭朴、乐观，
青春的梦想在知识的海洋闪闪发光，
熠熠生辉。

诚信、合作、自律，
心在绿郁葱茏的书山翠绿中款款地涵养。

敬业、专长、创新，
脚在团花簇锦的攀爬前行中曲径通幽。
领略山山叶飞的崇林沃野鸟语花香的温婉，
领略修身、做人、处事的曦微晨光……
是啊，
从《马克思传》的扉页里我翻开信仰，
在罗斯特里的笔下，
我景仰《毛泽东》的伟岸。
《传习录》里王阳明阐述的东方哲学，
在《苏东坡传》字里行间
品味林语堂的好句连篇。
《朴素的人生真理》使我得以跨越时空
读懂肯特·纳伯恩，
《傅雷家书》抵万金的价值让我明白，
爱就得顺其自然。

就在《平凡的世界》里
认识城乡欢乐与痛苦的纷扰，
即便是《自在独行》
也会是《各自的朝圣路》而无限遥远。
《做最好的自己》，《心态是一种选择》，
《向着光亮那方》，
《美的历程》轻轻地叮嘱，
《愿你的青春不负梦想》；
郭斯特说得好啊！
《梦想还是要有的，万一实现了呢》？
《不抱怨的世界》承载《动机与人格》，
相连威尔与马斯洛，
还有——罗杰斯的《论人的成长》。
《我们为什么工作》？
日本的大山泰弘的疑问与回答，
在季羡林《牛棚杂忆》、余秋雨《文化苦旅》，
简约成杨绛的《我们仨》。
《假若给我三天光明》盲聋作家海伦凯勒
写进的自强不息，
在海明威《老人与海》中
重申了奋斗者永远是顶天立地的大汉。
是啊，
千年吟诵的《三字经》文，
《曾国藩家书》的三立精神，
会告诉你《做人的底线》一定是
《诚信的种子》《诚信是金》。
塞万提斯对话金庸，
手持长矛冲向风车的《唐吉诃德》，
永远解不开《天龙八部》中

五大古国的武林恩怨。
《水浒》《三国演义》《西游记》《红楼梦》
张扬的喜怒哀乐，
怎奈何司马光《资治通鉴》
五百年通史风起云涌的遗篇。
让《论语》《老子》《庄子》《孟子》《周易》《大学》鸿篇巨著，
在《易中天中华史》的喃喃述说中，
唠叨为高山仰止的经典。
让《古文观止》《朱子家训》
《弟子规》《孝经》《太极图说》，
跨出魏源的《海国图志》走向世界，
把《人类简史》完美呈现。
读《资本论》《毛泽东选集》《习近平谈治国理政》，
为中华之崛起而读书，
观《智能浪潮》《创新思维与创造力》
《赢在中国》的信念不变。
一个书目就是一个目标，
一本书就是一种力量，
一次阅读就是一次提升，
一回顿悟就是诗与远方。
就让我们漫步在理工职院这串长长的书单里，
也行吟在链接全面建成社会主义现代化强国，
实现第二个百年奋斗目标，
以中国式现代化全面推进中华民族伟大复兴的天地间。
与每一个湖湘学子一道涵养修身、齐家、治国、平天下，
用知识的力量与青春的热血，建设——
大美中国　锦绣潇湘！

理工书单　诗意遐想

第二篇　读书时光

湖南理工职业技术学院读书月活动（简称理工读书月）自 2011 年 4 月开始启动，截至 2023 年已成功举办十三届。理工读书月坚持以建设书香校园，激发学生的读书热情，培养学生的审美情趣，增强学生的文化底蕴，引导学生树立正确的世界观、人生观、价值观为宗旨，围绕特定活动主题，举办丰富多彩的主题读书活动，受到理工职院广大师生的认可，在提升师生人文素养、助力校园文化建设方面发挥着积极作用。

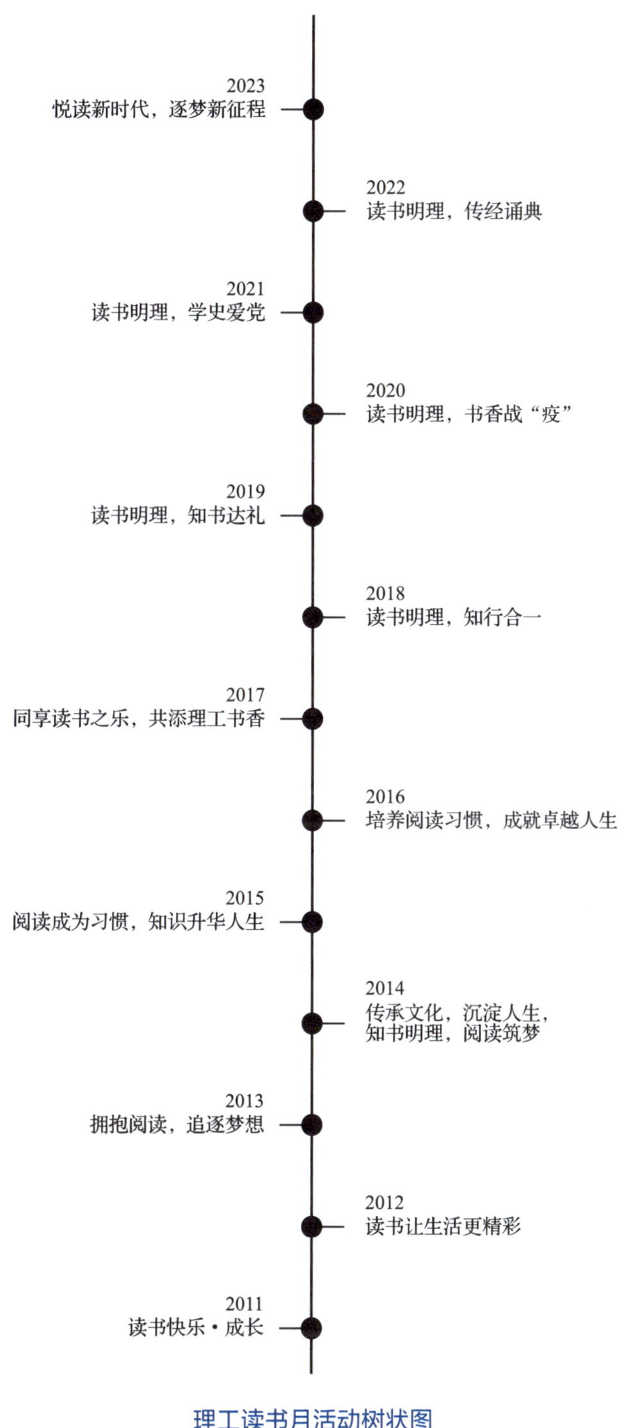

理工读书月活动树状图

第一章 笃行：在探索中成长

由学校图书馆牵头，在相关职能部门和二级学院的密切配合下，2011 年至 2017 年先后在全校举办了分别以“读书快乐•成长”“读书让生活更精彩”“拥抱阅读，追逐梦想”“传承文化，沉淀人生，知书明理，阅读筑梦”“阅读成为习惯，知识升华人生”“培养阅读习惯，成就卓越人生”“同享读书之乐，共添理工书香”为主题的读书月活动。行之苟有恒，久久自芬芳。理工读书月历经七年的探索，形式不断创新，内容不断丰富，规模不断扩大，效果不断显现，校园内书香四溢，爱读书、会读书的人越来越多，涌现出一批又一批的书香班级、书香读者。成绩的取得，更加坚定了学校办好理工读书、助力人才培养的信念，理工读书在探索中不断成长并走向成熟。

2011 • 读书快乐 • 成长

1. “读书 • 理想 • 人生”主题征文比赛

为进一步提升学校文化氛围、建设书香校园和促进师生发展，让师生体验书籍带给自己的快乐与成长，并逐步让读书成为自己生活的一种方式。图书馆、校团委特在 2011 年第一届“读书快乐•成长”主题读书月活动期间举办征文比赛。征文主题为“读书•理想•人生”。

书，是一种记叙历史、珍藏智慧、予人启迪的载体。它有着我们激情闪现的情感故事；有着我们理性思考后的远大理想；也有着大家不懈追求的青春梦幻……一本好书是一种智慧的结晶，一座执着的丰碑。通过“读书 • 理想 • 人生”主题征文活动，引导广大读者在读书中思考，在读书中树立远大的理想，成就灿烂的人生。

本次征文大赛优秀作品展示：

《诗意的生活》

读一本好书，就像插上一双翅膀，可以拥抱蓝天白云；读一本好书，就像撑起一面船帆，可以遨游天南海北；读一本好书，就像点燃一盏明灯，可以照亮阴霾黑暗。读一本好书，给生活添加一份诗意，腹有诗书气自华，只有经过书籍的陶冶，才不会缺少感知生活的能力，才不会缺少奋斗与追求。读一本好书，就是诗意的生活。

读《西游记》，领悟中式古典神话蕴含的诗意。《西游记》文字以白话文为主，多用夸张、比喻手法，铺陈、排比句式，音调韵律铿锵，大量赞赋诗词、华丽绮靡辞藻铺陈堆砌，描绘出华丽富足、祥和自由的仙界风光和妖魔洞府；刻画出形象毕肖的神仙、妖魔形象……它以丰富奇特的艺术想象、生动曲折的故事情节，总是让读者无不身心向往，也让我们看到了生命中永无止境的生活诗意。

读《三国演义》，品味中国历史上风起云涌的纷争岁月。作者非凡的叙事才能，全景式的战争描写，浅显的语言，是《三国演义》的主要特色。作品中上演了一幕幕波澜起伏、气势磅礴的战争场面，成功刻画了近两百个人物形象。《三国演义》代表着古代历史小说的最高成就，小说采用浅显的语言，明快流畅，雅俗共赏；笔法富于变化，对比映衬，旁冗侧出，波澜曲折，摇曳多姿。作者又以宏伟的结构，把近百年头绪纷繁、错综复杂的事件和众多人物组织得完整严密，叙述得有条不紊，环环紧扣，层层推进。书中我们看到了历史上忠肝义胆下的侠骨柔情，看到了中华民族永不屈服的生活诗意。

读《水浒传》，翻阅中国历史进程中农民起义浓墨重彩的一页。《水浒传》的结构纵横交错，梁山起义的发生、发展和失败纵贯全篇，其间连缀着一个一个相对独立的主要人物的故事。这些故事自身在结构上既纵横开阖、各有特色，又是整个水浒故事的有机组成部分，语言洗练、明快、生动、色彩浓烈、造型力强。《水浒传》是中国劳苦大众敢于反抗的精神代表，书写的是中国人身上永不言败的生活诗意。

读《红楼梦》，漫卷出中国古典小说高峰的诗情画意。《红楼梦》是一部具有高度思想性和高度艺术性的伟大作品，代表古典小说艺术的最高成就之一，展现了穷途末路的封建社会终将走向灭亡的必然趋势。作品以其曲折隐晦的表现手法、凄凉深切的情感格调、强烈高远的思想底蕴，在我国古代民俗、封建制度、社会图景、建筑金石等各领域皆有不可替代的研究价值，被誉为“我国封建社会的百科全书”。在这本书中，我们读出了古代中国的人文风情，品出了中国人身上勇于追求的生活诗意。

面对喧嚣的都市生活，很少有人停下快节奏的脚步来读一本书。其实读好一本书并不难，难就难在人皆有懒惰之心，因为怕麻烦而不去开这个头，久而久之便很难开始了，以懒惰开始，以怯懦告终，懒汉终于变成了弱者。

“鸟欲高飞先振翅，人求上进先读书”，读好一本书，让书香溢满校园。我们只有在读书中获得生活的诗意，才能在未来的征程中披荆斩棘，这才是我们该拥有的生活，诗意的生活。

——光伏 1112 班　谢　欢

《读书 • 理想 • 人生》

托尔斯泰曾经说过，理想是指路明灯，没有理想，就没有坚定的方向；没有方向，就没有生活。书籍是人类进步的阶梯，有了书籍，就会有思想，有理想，也就有了人生。

古往今来，读书对一个人理想的树立，人生道路的选择都起着重要的启蒙和指导作用。方志敏读了西洋史，想做拿破仑，读了中国史，想做岳武穆，然而当他读了《共产党宣言》后，他的人生就又多出一双翅膀，这翅膀伴着他义无反顾地投入到为共产主义奋斗的历程。与伟人相比，我不过是沧海一粟，然而我愿意追随他们的足迹去读书。

阅读一本好书，不仅能够丰富知识，陶冶情操，启迪智慧，还能点燃我们实现理想的激情。读书不仅仅只是一种行为方式，更是一种人生的希望与精神的寄托。

从书本中我们了解到新中国的第一任总理周恩来，从小树立了“为中华之崛起而读书”的远大理想。正是在这样远大理想的激励和指引下，在学校他成为了最优秀的学生，走上社会他成为了最卓越的革命家，为新中国的建立，为祖国的富强做出了不可磨灭的贡献。雷锋同志把精神寄托在“为人民服务”的理想上，用自己的一言一行努力实现自己的理想，书写人生。

书是良师，书是益友，当我们不断追求物质的富足与充裕时，不要忘记注重精神的丰盈通透。我们要多读书，读好书，汲取书中的营养，树立伟大理想，创造美好人生！

——市营 1101 班 雷小红

2. 文明阅读，文明用馆标语牌征集活动

为倡导读者文明使用图书馆，体现读者自我教育、自我培养、自我管理的能力，营造积极、向上、文明、和谐的图书馆阅读文化氛围，同时也进一步美化图书馆馆舍的人文环境，图书馆、校团委于首届读书月期间开展面向全校读者征集文明阅读、文明用馆标语牌活动。

优秀作品展示：

- 带走满腹知识，留下一架好书
- 在此读书勿用口，在外行事方显才
- 书生静心，手机静音
- 文明没有旁观者，读者都是践行人
- 既来之，则安之；既走之，则净之
- 请书回原处，让文明归位

3. 第一届“读者之星”畅谈读书时光

我是“读者之星”陈荣福，来自造价 1104 班。

读书是一种心灵的“旅行”，可以让我们跨越历史和时空。在书的海洋里我们可以与作者进行对话，与他们进行深层次的交流。书可以启迪智慧，拓宽思维，丰富阅历，净化心灵，点燃我们为实现理想而努力拼搏的人生信念。

路遥在《平凡的世界》中有些话让我感触颇深，生活不能等待别人来安排，要自己去争取和奋斗。不论其结果是喜是悲，可以得到慰藉的是，你总不枉在这世界上活了一场。有了这样的认识，你就会珍重生活，而不会玩世不恭。同时，也会给自己注入一种强大的内在力量。我相信，每一本好书，只要你认真品读，总能找到引起你共鸣或者让你有所感悟的东西。大学三年时光，转眼即逝，我们需要好好利用大学宝贵的时光，不断充实自我，加强学习，增长学识，开阔眼界，未来才能真正做人做事“先人一步”。

图书馆是一个提升自己的好去处，刚进入大学时，我也很迷茫，课余时间不知道要做些什么，虚度了很多好时光。后来，到图书馆的次数多了，图书馆丰富的图书资源、宁静舒适的读书环境、热情服务的库室老师让我慢慢喜欢上了这个地方，我深深地感受到，到图书馆来静心阅读是一件快乐、幸福的事情，它不仅可以增长知识，提升我们的文化涵养，而且可以让我们浮躁的内心平静下来。

我爱读书，我希望我身边的小伙伴们，能一同加入到爱读书的行列中来，让我们充分利用课余时间去加强阅读，培养阅读能力，形成良好的阅读习惯！

2012·读书让生活更精彩

1. “感悟读书快乐，创建文明校园”主题征文比赛

著名学者朱永新这样谈读书：一个崇尚读书的民族一定是一个理性的、优秀的民族，一个崇尚读书的社会一定是一个充满希望的社会，而一个崇尚读书的校园一定是一个健康而充满生机的校园。为实现“让师生过一种幸福完整的教育生活”，努力营造积极向上、健康文明的校园文化氛围，建书香校园、文明校园，图书馆联合校团委在第二届理工读书月活动期间举办“感悟读书快乐，创建文明校园”主题征文比赛。

本次征文大赛优秀作品展示：

《书香溢满校园　文明伴我成长》

书籍是人类进步的阶梯。鲁迅说，书是营养的面包。我认为，书是最亲密的朋友。读书是人生最难得的一张存折，一点一滴地积累，你会发现自己是最富有的人。五柳先生说“好读书，不求甚解，每有会意，便欣然忘食。”当你枯燥烦闷时，读书能使你心情愉悦；当你迷茫惆怅时，读书能平静你的心情，让你看清前方的路；当你心情愉快时，读书能让你发现身边更多美好的事物，让你更加享受生活。读书是一种最美丽的享受，书不仅是传承知识和创新知识的神圣殿堂，更是塑造理想和完善人生的芬芳草地。在读书中，我们传承与创新了知识，也塑造了理想，完善了人生。

作为新时期的大学生，我们应为创建文明校园，贡献自己的一份心力。记得罗果夫说过，书是社会，一本好书就是一个好的世界、好的社会，它能陶冶人的情操。大学作为社会的一部分，我们要把文明礼仪融入自己的一言一行中去，注重个人的仪容仪表、仪态举止，站、坐、行都要有气质和风度，优雅的姿态才能给人以挺拔精神的感觉。言谈举止要大方得体，表情神态要表现出对人的尊重、理解和善意，面带微笑，谈吐态度诚恳亲切。要使用文明用语，展现21世纪大学生蓬勃向上的风采。做一个文明大学生，注意每个细节，把握每个瞬间，时刻谨记“以小善为无益，以小恶为无伤，凡此皆非所以安身崇德也”的至理名言。不积小流无以成江海，不积跬步无以至千里，平凡的点滴也能铸成伟大的成就。书，让我们畅游在知识的海洋；书，让我们在快乐中成长；书，让我们在阅读中懂得欣赏；书，让我们传播文明的种子。

让我们畅游在知识的海洋，让迷人的书香飘溢校园，溢满家园，让书成为我们的良师益友，让好书伴随我们成长，让我们携手打造文明校园，让文明礼仪之花开满整个校园。

——机械1111班　刘　掌

2. 好书荐读，共享好资源

当今，图书出版达到空前繁荣，为了给我校大学生读好书提供有益的参考与引导，使学生养成好读书、会读书、读好书的习惯，图书馆于4月推荐了一批经典好书，并做成海报展板放置在实训楼前、图书馆前展出。

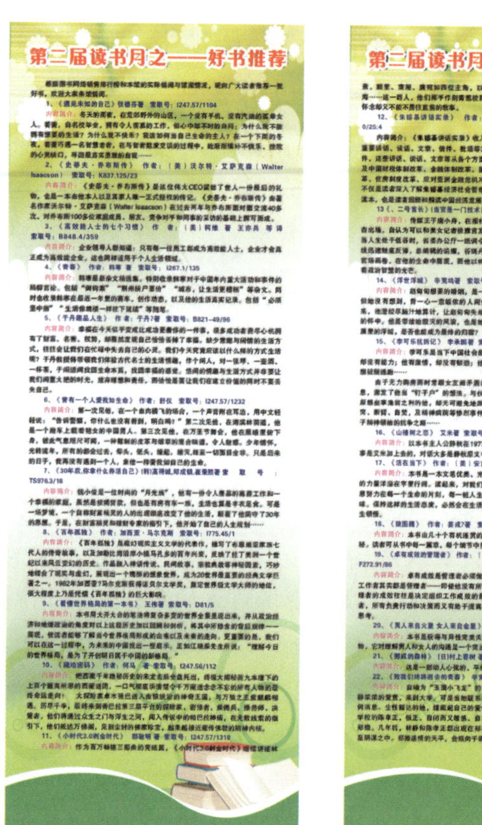

“第二届读书月之——好书推荐”海报

3. 第二届“读者之星”畅谈读书时光

我是“读者之星”谭艳云，来自计财1104班。

我选择以湖南理工职业技术学院为圆心，以大学生活为直径来画圆。为了画好这个圆，我选择读书来充实圆的直径。

大学的时光是美好的，闲暇时你不妨去图书馆走一走，体会一下静谧而又充实的阅读时光。图书馆内不仅有丰富的书籍，舒适的读书环境，而且有让你心情宁静的绿色植物。

相信这里一定会满足当初你对大学所有的憧憬。

我性格比较内向，平时没事的时候喜欢一个人看书，可以说阅读占据了我生活的一大部分。读书是最快乐的事，我总是把书当作朋友，将她携带在身边。从童年时阅读的作文等书籍，到现在阅读的古典小说、现代散文等书籍，她们都带给了我快乐，告诉了我一些人生的道理，更重要的是，她们还教会我如何更好地生活。

感谢书的陪伴，让我的大学时光充实而有意义，让我内心感受到真正的快乐。

2013·拥抱阅读，追逐梦想

1. 数字资源讲座

为进一步培养大学生信息素质，提高大学生文献检索、论文撰写能力，图书馆特举办以“学习检索技术，提高信息素养”为主题的数字资源讲座培训。本次培训邀请超星公司、起点公司的培训师为同学们讲解。讲座内容分为两部分内容：一、就业拓展培训信息网的检索利用培训；二、超星数字资源利用培训。

数字资源讲座现场

2. 让我们一起去“书库寻宝”

为调动广大读者的读书积极性，帮助读者熟悉借阅规则及馆内藏书的空间分布、分类排列架构、馆藏检索方法，充分发掘馆藏文献的使用价值，提高借阅效率，图书馆决定在第三届理工读书月活动期间开展“书库寻宝”竞赛活动。

理工读书月，让我们一起去“书库寻宝”。

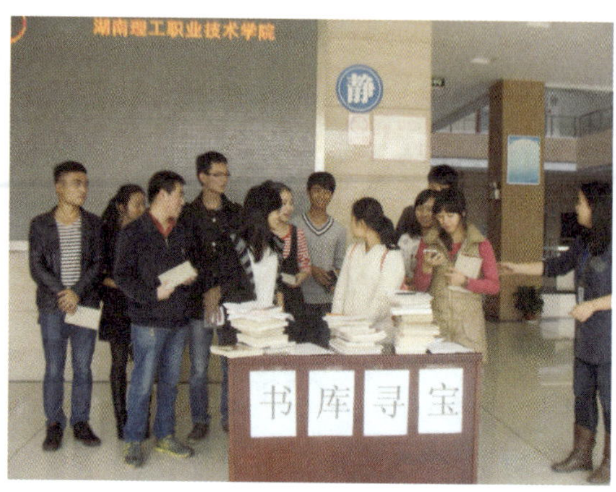

“书库寻宝”活动现场

3. 第三届“读者之星”畅谈读书时光

我是“读者之星”雷逸，来自市营1121班。

以前，说到图书馆，大家的第一个反应肯定是，图书馆是学霸去的地方。如果有一个朋友和你说他去图书馆看书，我想你肯定会说，别装模作样了。我不明白老师为什么总说让我们没事就多去图书馆看看书，我认为图书馆除了一些小说动漫，就没有什么让我们乐意去读的了。后来有一件事，让我改变了对读书、对图书馆的固有观念。

大一时，老师给我们布置了一个调研任务，分组写一份调研报告，我所在小组的报告题目是“人际关系”相关问题。这个题目乍看好像很简单，但是真正下笔写的时候，总有点无从下手。我想起之前在图书馆看到过相关书籍，于是我们小组全体成员相约来到图书馆，几经查阅、修改，终于把我们的调研报告做出了一点成果。经历了这件事，我喜欢上了图书馆，喜欢到图书馆找自己喜欢的书，找与自己专业相关的书，也开始自己花钱买书。图书馆里面很安静，读书氛围很好，身处其中，能够打开我的思路，沉淀我的心境。通过读书，我一点一滴累积了知识，开阔了眼界，充盈了思想，读书时光充实而有意义。

我们正值读书年纪，如果什么书都不读，脑子里什么都没有，拿什么来说自己是个读书人。正处在青春迷茫期的大学同学们，让我们静下心来阅读吧，让我们走近阅读，和书本来一场清新静雅的约会吧！

2014·传承文化，沉淀人生，知书明理，阅读筑梦

1.“好书好视频”推荐

根据图书网络阅读排行，结合本馆纸质资源及电子资源的借阅、访问量高低的情况，图书馆向广大读者推荐了一批好的图书与视频资源，给我校大学生读好书提供有益的参考与引导，使学生养成好读书、会读书、读好书的习惯。

“第四届理工读书月之——好书好视频推荐”海报

2. 聆听你的声音——收集你的金点子

听说预约占座的问题已困扰你许久，

听说你对图书馆水杯放置不甚满意，

听说你想要了解图书馆数据库的使用，

听说你对图书馆的工作有意见或建议却不知如何诉说。

没关系，图书馆在这里用心倾听你的每一个诉求，尽最大努力满足你的需要，新一轮意见反馈我们期待你的声音。

为鼓励广大读者为图书馆的发展出谋划策，集思广益，共同促进图书馆的可持续发展，从 2014 年 4 月 20 日到 6 月 10 日，图书馆进行了为期一个多月的图书馆发展建设“金点子”有奖征集活动。

读者们的“金点子”：

- 缩短新书借阅期限，以便增强新书传阅性
- 以小黑板的形式推荐图书，另设一个供学生荐书的小黑板
- 增设触屏电脑，供学生查阅书籍
- 希望有自助的借还和打印、复印区域
- 增加收纳雨伞的装置
- 希望可以有一个读者交流休闲区

3. 第四届“读者之星”畅谈读书时光

我是“读者之星”李琼，来自机电 1132 班。

书是人类进步的阶梯。书让你在人生路途中唱出春花秋月，落英缤纷；书让你在浩瀚海洋中尽情畅游；书点燃希望，为你引航，让你在漫漫人生路上不会迷失方向，我们应该

有一颗热爱阅读的心。书是人的挚友，与书交流，你的人生也会具有一番别样的韵味。

我喜欢阅读，我认为阅读是使人快速放松的最佳方式，每当有空的时候我都会来图书馆，慢慢地品味我喜欢的书籍，让书来丰富我的精神世界。

现在的你如果感到迷茫，感到无助，那请和我一起去图书馆安安静静地阅读一本喜爱的书籍吧，相信你会收获很多很多……因为阅读，你的生命会更加充实；因为阅读，你的学习会更加优秀；因为阅读，你的内心会更加丰富；因为阅读，你的人生会更加精彩。

我们都是理工学子，我希望学弟学妹们从大一开始就培养好的阅读习惯，让我们爱上阅读，用知识拨动心弦，去弹奏我们的美好生活。相信爱上阅读的你一定能成就更精彩的人生。

2015·阅读成为习惯，知识升华人生

1. “走进图书馆，享受阅读，拥抱财富”活动

为提升全校读者阅读的热情，给读者提供一个读书交流的平台，在读书月活动期间，图书馆联合各二级学院以班级为单位组织学生进入图书馆，进行不同形式的读书学习与交流。

• 各系部在读书月期间，以班级为单位，由辅导员或班主任带队，安排学生持一卡通到图书馆任何一个书库进行集中读书交流，畅谈自己阅读的感受与看法。

• 图书馆工作人员现场为学生介绍图书馆各种资源，并对学生一卡通信息进行维护与激活，帮助学生下载移动图书馆客户端。

• 参加读书交流的学生要求每人根据自己的阅读喜好借阅至少两本优秀纸质图书，下载两本电子图书。

• 读书月期间，图书馆将推荐 10 本优秀的电子图书，学生可以凭学生证到图书馆五楼电子阅览室免费上机阅读。

2. 书香警苑，读书联动

“书香警苑，读书联动”活动现场

为宣传和推广图书馆丰富的资源，增加图书馆的社会服务意识，让更多读者更好地了解、利用图书馆，并将图书馆融入社区服务中，实现服务效益最大化，在第五届理工读书

月期间，图书馆与岳塘区建设路派出所联合开展“书香警苑，读书联动”活动。在本次活动中，图书馆为建设路派出所工作人员免费发放图书馆借阅证，并为派出所工作人员提供优质的借阅服务。

3. 第五届“读者之星”畅谈读书时光

我是“读者之星”欧阳红梅，来自计财 1144 班。

书中自有黄金屋，书中自有颜如玉。打开书本，扑面而来的书香、跳跃在书上的文字，都在向我们展示着人类智慧与思想的篇章。在快节奏的生活里，我喜欢以阅读这种形式来放松自己。疲惫的时候，我会拾起身边的书，感受书中人物的生活。一本本书籍捧在手心中的厚实感，会让我在阅读的时候充满仪式感。

我喜欢去图书馆阅读，每次到图书馆，我都很享受图书馆里安静阅读的氛围。身边萦绕的书香，伴随着伙伴们翻动书本的声音，让我更能静下心来去感受书中人物的喜怒哀乐。来到大学之后，让我印象最深刻的便是图书馆。我们学校面积虽不是很大，但是图书馆的规模着实让我惊喜。

图书馆阅览室有很多好看的书刊，内容丰富多彩，图片生动有趣。同学们安静地坐在椅子上看书，没有一丝嘈杂声，只有笔尖在本子上摩擦发出的沙沙声，这种优美又和谐的声音，只有在图书馆才能听得到。

我喜欢读书。好书，犹如阳光、空气和水，而读书就是一种精神的沐浴。大学时光，去图书馆读书已经成为我的一个习惯，成为了我日常生活的一部分。就像世间万物离不开太阳，鸟儿离不开天空，鱼儿离不开水一样，我已离不开读书。

2016·培养阅读习惯，成就卓越人生

1. 读书签名倡议活动

为宣传世界读书日，弘扬读书文化，激励与引导读者到馆阅读，图书馆于 2016 年 4 月 22 日开展读书签名倡议活动。图书馆学生管理委员会制作“世界读书日”知识展板，放置在食堂前坪进行展示，并在食堂前坪悬挂“点燃读书热情，共建书香校园”读书签名横幅，组织全校师生开展读书签名倡议活动，同时通过校园广播站进行“4•23 世界读书日”宣传。

读书签名倡议活动现场

2. 经典阅读知识竞赛

为推动书香校园建设，引导当代大学生多读经典著作，了解传统文化艺术，不断提升个人人文素养，图书馆在读书月活动期间举办经典阅读知识竞赛，竞赛内容为中国文学、外国文学、文化艺术、阅读常识及其他一般自然科学科普知识。竞赛采用线上答题方式，参赛者可使用手机、电脑及其他参考工具查询。竞赛题目100道，全部为选择题，包括80道单项选择题和20道多项选择题。

经典阅读知识竞赛现场和试题

3. 第六届"读者之星"畅谈读书时光

我是"读者之星"焦若然，来自光电1142班。

在上大学之前，就听过一句极有道理的话：大学生应该结交两个朋友，一个是运动场，另一个是图书馆，不断地"充电""蓄电""放电"。我当时就觉得这句话说得十分精妙，并早早地将这句话作为我对即将到来的大学生活的向导。

真正进入大学之后，我在学习之余非常注重身体与精神的充实。为了让自己在大学三年生活中有一个健康的体魄，我积极参加各项体育运动，并养成了规律的作息习惯，每天坚持早睡早起，加强身体锻炼。良好的生活习惯让我身体充满能量，十分健康。为了充实自己的精神生活，我与图书馆交上了朋友，把阅读当作充实我精神世界的常规课余活动。

大学图书馆是我们青年大学生加强学习、丰富内心、陶冶情操最好的去处之一。在我的心里，我觉得校园内最美最高大的建筑，不是教学楼、实训楼，也不是社团活动场，而是图书馆。图书馆是真正意义上“高、大、上”的地方，是我们应该好好利用提升自我的地方。

在图书馆中，各个库室真可谓是学习资源的典藏宝库，图书馆内包括各类书籍、期刊、电子资源等，都是经过图书馆老师们系统整理，以供大家学习与利用的精华。我喜欢来图书馆阅读、学习，不仅在于图书馆丰富的学习资源，还在于图书馆为我们提供了一个专注于学习阅读的静谧与舒适的场所。若是看书看得疲倦了，没关系，走出自习室，一缕阳光照在脸上，这种美好恬静舒适的感觉，不来图书馆，很难感受得到。

我觉得常常使用图书馆的人，会逐渐培养出一种独特的品位，喜欢有深度的作品，尤其喜爱书在手上的感觉。有品位的生活，是一书在手慢慢地咀嚼优美的文字，默想作者书写此段时的情怀，期待呼吸当时的人文氛围。连书本封面、书中插画、书扉尾语都可以令人留恋再三。

我是焦若然，一个爱到图书馆学习、阅读的学生，我希望能有更多的同学和我一样走进图书馆，和我一起学习、一起阅读、一起充电，尽情享受我们的大学时光，让我们的大学生活更加充实，让我们的精神世界更加富有。

2017·同享读书之乐，共添理工书香

1. 4·23：世界读书日，我在行动

（1）“世界读书日”之我在图书馆：世界读书日当天，读者到图书馆学习，并将个人在图书馆学习的自拍照上传至图书馆微信公众号，前 10 名同学均可获得一个名为“购书补贴专用”的“微信红包”，第 11 ～ 20 名均可获得精美纪念品一份。

（2）“世界读书日”之大型读书签名倡议活动（地点：图书馆前坪）。

（3）“世界读书日”之绿色还书通道：为加快图书循环利用，世界读书日当天，对所有超期还书的读者减免滞纳金，享受减免的读者须在“文明用馆承诺书”上签名，承诺遵守图书馆规章制度，诚信利用图书馆资源。

（4）“世界读书日”之绿色服务：世界读书日当天（周日），图书馆所有库室全部开放服务。另外，图书馆安排老师和图管会成员在学校图书馆前坪推广宣传“移动图书馆”等多种数字资源，以无纸化的阅读体验帮助读者随时随地开展在线或掌上学习。

“4·23 世界读书日，我在图书馆”活动现场

读书签名倡议活动现场

2. “专业、专业，让我怎么了解你”

介绍一本自己的专业用书，让其他专业的同学可以了解和认识你所学专业。亦可分享发生在自己专业里的趣事和只属于自己所学专业的苦恼。要求内容通俗易懂，风趣幽默。将所推荐书籍和故事公布在微信公众号上，由全校师生参与评选，最后公布出最受欢迎专业、最文艺专业、最好玩专业、最实用专业、最苦行僧专业。

优秀作品展示：

大一新生带你从《光伏理化基础》看光材（文艺版）

“光”在我们的概念里是希望、爱、温暖、梦想的代名词，而生活在一个有光的世界里的我们，不断地寻找光、拥抱光，并为之喜悦。

阳光、星光、月光……我们生活的世界是一个充满了各种光的世界。我的专业是光伏材料制备技术专业。罗丹说我们生活中从不缺少美，而是缺少发现美的眼睛。光是美好的，而研究光的学问也必定是美好的学问。所以接下来我将向大家介绍的专业书籍肯定也是很美妙的专业书籍。爱因斯坦曾经说过：“兴趣是最好的老师！”所以希望大家在我的介绍下能对我所学专业有所了解。

众所周知，自然界中物质的存在状态有三种：气态、液态、固态。而光是一种物质波，不同于一般物质，光是具有波粒二象性的，光既是一种带有能量的波也是一种带有能量的粒子，它不划分在固、液、气中。光的独特性决定了它的结构独特、用处独特。

而《光伏理化基础》这本书以硅太阳电池的工艺为基础，重点介绍了晶体的性质、半导体材料核外电子的排布规则、价键理论、材料中出现的缺陷、半导体的基础知识，最后从光伏发电的角度介绍了晶体等各方面的性能对光伏发电的影响，并以硅材料为例，介绍了完整的光伏产业链，使大家在掌握光伏基础理论知识的同时，对光伏产业链有系统的了解。认真学习掌握这些知识以便于我们能更好地研究、开发光的价值，为祖国的新能源开发建设做贡献，为人类的百年环保发展做贡献。

众所周知，目前煤炭发电依然是我国最大的供电模式，而煤炭是不可再生能源，正因如此，开发可循环利用的发电模式是当务之急。我所学的光伏材料制备技术专业就是为可循环利用的太阳能环保发电模式服务的专业，我对所学的专业感到无比自豪！

目前已经有了太阳能热水器、太阳能充电宝、太阳能手机……对于新能源专业，我只是初学者，正因如此，让我有了莫大的学习兴趣。知识的海洋是宽广无边的，可我想在自己的努力下，学习并掌握光伏材料知识，争取发明一些太阳能发电产品，为社会和祖国的建设发展做贡献！

——材料1171班　袁　炜

3.“重温读书记忆，传递知识财富”毕业季读书主题活动

• 毕业季之“重温那些我们曾一同读过的书”：制作毕业生借阅书目排行榜，进行展示，同时设置读者留言板，为即将毕业的同学提供一个回首往昔、展望未来、书写寄语的平台。

• 毕业季之关爱读者，图书馆送您独家毕业礼物：每一位毕业生都可以到图书馆申请一份大学借阅清单，图书馆将根据您的借阅记录，精心设计、用心编辑、一对一定制一份您的《大学读书记忆》，送到您的手里，成为毕业生永远的读书记忆。在领取《大学读书记忆》的同时，毕业生也为图书馆留下了同学们的“图书馆独家回忆”。

• 毕业季之爱心捐书：本着服务师生，充分利用旧书资源，传递爱心与知识的

目的，图书馆组织开展毕业生爱心捐书活动，为毕业生提供向学弟学妹们传递知识的平台。

捐赠图书要求：非教材类的课外阅读书籍，书籍外观整洁，完整无破损。

注：捐赠者可以在捐赠图书的扉页留下您读此书的心得与感悟，同时也可以书写您对读到这本书的学弟学妹们的寄语。

• 毕业季之个人书房随身带：2017届毕业生注册超星移动图书馆就可以在毕业后继续使用图书馆订购的数字资源，免费阅读数十万册的电子图书、数千余种电子期刊及丰富的学术视频等资源。随身个人书房带着母校图书馆的祝福，助力理工骄子成就梦想，创造幸福！

毕业季之专属你的《大学读书记忆》

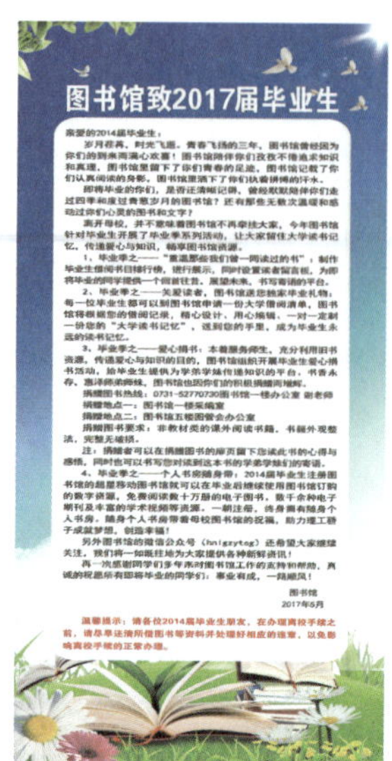

“图书馆致 2017 届毕业生”的一封信

毕业季之“重温那些我们曾一同读过的书”海报

4. 第七届“读者之星”畅谈读书时光

我是“读者之星”莫石宏，来自光电 1164 班。

书籍，是人类知识的源泉、进步的阶梯，持一本好书，如乘一叶扁舟弄潮于知识的浪巅。读书是我的嗜好，我喜欢在书的海洋中翱翔。

我非常认同圣人把书比喻成“黄金屋”。我爱读书，每当我在自己的“黄金屋”中时，就觉得世间的幸福全都在此，外界如何喧闹、繁华，都带不走我的快乐。

没课的时候，我经常到图书馆汲取知识，我认为青年学子们时刻都需要为自己充实的人生而努力阅读。清晨踏着朝阳走进图书馆，拿着自己钟爱的名人传记坐在图书馆的某个角落，享受书中名人的快乐与人生的哲理，我觉得书赋予了我们太多，名人人生的每一次艰难洗礼，都是我学习的榜样。

我在自己的读书笔记上写了这样一句话：书是世界，读书是看世界，析世事浮沉，观人生百态；书是生命，读书就是阅读生命，体验人生真谛，塑造理性自我。我很珍惜大学三年的宝贵时光，大学闲暇时间，除了运动，我都喜欢在图书馆待着，感觉时间一点一滴地与我擦肩而过，唯有在图书馆中学习的每个细节都一一停留在原地。每天的阅读，让我觉得自己每时每刻都在成长。都说图书馆是大学的第二课堂，是大学的心脏，所以我希望同学们都能走进书的海洋，在书海中掌好自己的船舵。

第二章 创新：在开拓中前行

育人是学校的根本任务，读书是学校的永恒主题。立德树人，读书先行，旨在引导学生读书明理、读书增智、读书长技。湖南理工职业技术学院践行“明理知行，精工致远”的校训，把理工读书不断引向深入的同时，注重横向拓展，通过挖潜补短板，扩大影响面，在开拓中不断前行。

2018 年 1 月，学校新一届党委在认真梳理、总结前期理工读书的基础上，隆重推出《理工书单》，把理工读书提到了一个前所未有的高度，明确了“建设书香理工、引领书香湖南、给力书香中国”的主旋律。

2018 · 读书明理，知行合一

1. “读经典文章，明修身、做人、处事之理”之读书微心得比赛

为倡导“经典阅读”和“价值阅读”的阅读方式，推动理工学子积极读《理工书单》之书及其他经典名著，明修身、做人、处事之理，不断提升勤学、俭朴、乐观、诚信、合作、自律、敬业、专长、创新等素质，争做一流应用人才。图书馆在第八届读书月活动期间开展“读经典图书，明修身、做人、处事之理”之读书微心得比赛。

优秀作品展示：

《自控力》

这是一本教人为人处事的良书，特别是对我们心性不够完善的大学生，如何控制自己的情绪？如何把握自己的机会？这是我们应该思考的问题。个人的细节往往决定他的成败。如果一个人不懂得正确地控制自己的情绪，就会错失机会。本书教会我们在特殊的环境中如何正确地控制自己的情绪，引导我们应该怎样去做，从而更好更快地走向成功。如果你因为行为不当而总是错失机会，你可以读一下这本书，它会为你指引一条正确的行为方向。自控力较强的人也可以读一下这本书，它能够让你以后的人生道路更加宽广。最后，希望每个人都能正确看待自己，用正确的价值观去面对社会，创造自己的价值。

—— 市营 1171 班　陈亚峰

《平凡的世界》

读路遥先生的《平凡的世界》，让我感受到书中充满了乐观主义精神。我还记得孙少平说过“我们是平凡的人，但我们要过不平凡的生活”，我看到了他们积极向上的精神，不甘在平凡与碌碌无为中度过自己的一生。这让我深刻反省自己，现在的我应多学习一些知识，勇于实践，并且乐观地面对生活中的困难，拥有一颗不

甘平凡的心。

——酒管 1162 班　雷　端

《曾国藩家书》

《史记》有云:"举八元，使布五教于四方，父义，母慈，兄友，弟恭，子孝，内平外成。"曾国藩老先生用自己的真情书写的一封封家书，给自己的亲友讲述了读书治学之理，讲述吾人只有进德和修业两事靠得住。这让我想到一句话:"当你不知道该做什么时，你可以读书，因为不论何时何地读书绝对不会出错。"进德、修业讲的是做人、成事者必得这两样。《曾国藩家书》讲述了诸多道理，而最终可归为一句，多读书，懂得读书的人，才能最大程度地规避错误。

——会计 1175 班　周思慧

2. 图书馆资源及应用知识竞赛

为了使同学们充分了解和有效利用图书馆的数字资源，提高数字资源在教学、科研及学习中的服务价值，增强学生利用数字资源检索的信息意识，提高学生的文献检索能力，加深读者对图书馆资源、馆藏布局、分类排架结构及服务的了解，引导学生阅读更多的经典作品，图书馆特举办“传递信息，服务师生”图书馆资源及应用知识竞赛。

知识竞赛现场

3. 每日一书 • 经典导读 21 天打卡计划

为响应“全民阅读”之号召，倡导“经典阅读”之文化，顺应“视频阅读”之潮流，加强落实学校“四个一”育人工程，在全校范围内培育良好读书风气，活跃读书氛围，创建书香校园，文明校园，助推“四个一流”高职院校的创建工作，我校积极号召全校师生参与“每日一书 • 经典导读——30 分钟听一本书，21 天打卡计划活动”，包含 21 本中外经典名著，以及 21 位北大、清华、复旦等名师的解读。本次活动湖南理工职业技术学院取得全国排名第三、湖南省位居第一的佳绩。全校共有 1601 人报名参加，累计打卡 14 天以上人数为 642 人，21 天打卡全部完成人数为 299 人。

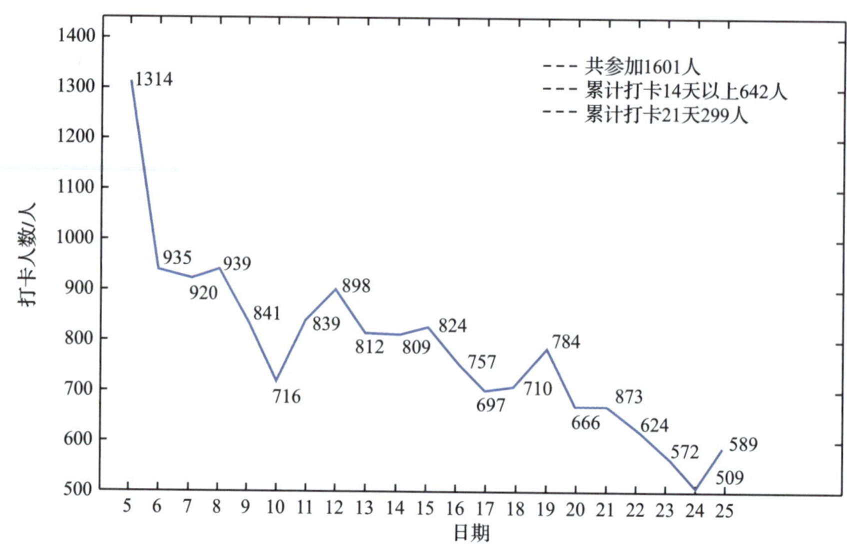

湖南理工职业技术学院打卡统计

每日一书·经典导读 21 天打卡全国排名

排名	单位名称	总参与人数	打卡 7 天以上	打卡 14 天以上	打卡 21 天
1	广州城建职业学院	3348 人	2723 人	2018 人	940 人
2	赣南卫生健康职业学院	1739 人	1268 人	1068 人	487 人
3	湖南理工职业技术学院	1601 人	877 人	642 人	299 人
4	河南机电职业学院	1150 人	560 人	442 人	232 人

4. “书香为伴，镜头下最美读书人”摄影大赛

分享读书之美，弘扬读书之乐，本次活动以“书香为伴，镜头下最美读书人”为主题举办摄影比赛。主要展现教师、学生在图书馆学习、活动过程中表现出来的精神面貌、活动状态，以及图书馆服务者为读者服务过程中的真实写照等。参赛主题包括：镜头下图书馆的最美读者、镜头下图书馆的最美服务者、镜头下图书馆的最美场景，以及与图书馆相关的各种影像素材。

优秀作品展示：

最美读者——静心阅读的杨爱云校长

最美读者—— 吾生也有涯，而知也无涯

最美场景——
阳光中的图书馆，梦想起航的地方

最美馆员——
书香传雅韵，服务融真情

5. 第八届“读者之星”畅谈读书时光

我是“读者之星”杨天文，来自造价1173班。

书是我们通向智慧的阶梯，它使人进步，使人成功，使人明智。从走进学校的那天起，我们天天都与书本打交道，与它在一起的时间甚至超过与父母在一起的时间，不知不觉中书本已然成为我们不可分割的一部分了，成为了我们最好的朋友。

大自然最纯正的芳香莫过于泥土的芬芳，而校园中最纯正的香味莫过于书香。每当我在图书馆中行走，在书架前徘徊，那沁人心脾、启人心智的书墨香扑面而来，在困惑时会让我在智慧的明堂中茅塞顿开。当我在历史类书籍中观摩时，感觉自己穿梭在历史中，通过《明朝那些事儿》我知道明代君臣之强势，通过《康乾盛世》使我明白君臣之不易，等等。通过阅读这些书籍，我的能力与眼界也有了较大的提升和开阔，于是我几乎每天都要去图书馆，沉浸式阅读。

在我们图书馆中，每天都有许多同学来借阅图书，学习氛围浓厚，我经常看见图书馆各楼层的自习桌上都坐满了人，看来身边同我志同道合的人很多。“书香”育人，与其每天无所事事，虚度光阴，还不如在图书馆勤学勤思。坐在图书馆静心阅读，远离了游戏的诱惑，远离了虚幻的世界，我能感受到一份宁静，感受到了一份实在，我以后一定更多地“光顾”图书馆，畅享阅读时光，“与书为友，明智慧人”。

2019 · 读书明理，知书达礼

1. “畅游书海，浸润书香”——4 · 23世界读书日全民阅读系列活动

活动旨在迎接第24个“世界读书日”，营造浓郁的读书氛围；积极响应中国图书馆界“4 · 23全民阅读”活动，服务全民阅读，共创美好生活；积极宣传推广图书馆丰富的馆藏资源，吸引读者走进图书馆参与借阅活动；按照学校“文明校园”建设的要求，推动“文明图书馆”建设，进一步落实文化育人，图书馆特举办“畅游书海，浸润书香”系统活动。

活动内容：

•“世界读书日”之“争做文明读者，携手共创文明图书馆”承诺签名活动。

•“世界读书日”之“4·23 借、阅有奖”抽奖活动：世界读书日当天，进入图书馆借书或阅读达 30 分钟的读者，均可参与图书馆为您精心设置的“4·23 借、阅有奖”抽奖活动。

•“世界读书日”之数字资源专题讲座：世界读书日期间，图书馆将邀请知网、超星、起点数据库老师，为读者开设数据库资源利用的专题讲座，帮助读者快速通过图书馆数据库获取学习中需要的数字资源。

•“读经典、学新知，链接美好生活”主题阅读推广活动。

4·23 世界读书日宣传现场

4.23 世界读书日宣传现场海报

4.23 世界读书日签名活动现场

陈静彬校长在读书

（1）全体师生积极响应全民阅读推广活动，校长率先垂范。

（2）举办“4•23 读书签名倡议”活动，并通过校园广播、校园网站、校园电子显示屏，学校微信公众号、海报宣传等多种方式，在校内外开展“服务全民阅读，共创美好生活”的全民阅读倡议宣传。

（3）“同城共读，万卷共知”全民阅读活动。精选一本经典著作，在全校范围内开展线上线下共读活动。精选一批经典书目，走向校外，向公众开展全民阅读宣传，并向公众免费提供经典书目电子资源、音视频资源等。依托《唐诗三百首》《古文观止》《史记》等中华传统典籍，在校内外开展线上竞答活动，通过竞答，获得新知。

全民阅读社区活动现场

2. “共读共享，快乐阅读”——“每周一书”班级“读书 · 共享会”评比活动

为积极落实“四个一”文化育人工程，充分推进“每周一书”活动开展，发挥“理工读书·共享会”的示范引领作用，通过在全校范围内开展“每周一书”班级“读书·共享会”评比活动，引导广大学生积极利用图书馆线上线下“读书交流”平台，开展“每周一书”主题读书活动，深入了解《理工书单》，多读《理工书单》之书，明“修身、做人、处事”之理。在第九届理工读书月活动期间，开展“每周一书”班级“读书 · 共享会”评比活动。

3. “传播经典，传承文化”——“《中华传统文化百部经典著作》推介全国行”系列活动

为进一步贯彻习近平总书记关于传承和弘扬中华优秀传统文化的系列重要讲话精神，落实中共中央办公厅、国务院办公厅印发的《关于实施中华优秀传统文化传承发展工程的意见》的部署，传承优秀传统文化，传播时代优秀文化，弘扬中华民族精神，将中华优秀传统文化融入学生思想教育工作中，助力学校“四个一”文化育人活动，丰富德育内涵，增强育人效果，本次系列活动包括《中华传统文化百部经典》赠书仪式、《传经典之华，响时代之音》公益宣传片展、《激活经典，走向大众——〈中华传统文化百部经典〉首批十部典籍推介图文展》公益展览、《中华传统文化百部经典》专题讲座、“诵读经典，照亮人生”经典诵读比赛等。

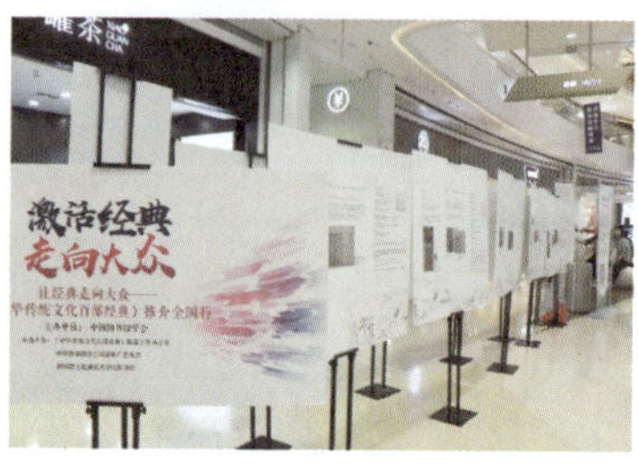

《中华传统文化百部经典》首批十部典籍推介图文展

经典诵读比赛赛后合影

4. “读有所思，读有所得”——“《理工书单》伴我成长”征文比赛活动

学校自推出《理工书单》以来，积极倡导“读书明理，知行合一”，全校师生掀起了阅读热潮，广大学生通过读《理工书单》之书，读以修身、读以做人、读以处事，争做一流应用人才。活动旨在通过理工学子讲述《理工书单》伴自身成长的故事，进一步推动理工学子精读《理工书单》之书，培养读书习惯，提升人文素养，树立家国情怀。征文内容：通过精读《理工书单》之书，畅谈《理工书单》中的某本或多本书籍伴“我”成长的故事。

优秀作品展示：

《读有所思，读有所得——从实践论和矛盾论出发》

我还记得我第一次接触《毛泽东选集》是在初二的时候，而认认真真地读过一遍则是在高二时期，等我来到湖南理工职业技术学院时，我很高兴地在学校图书馆再一次看到《毛泽东选集》，便立即借阅并重新回顾了一遍。《毛泽东选集》里面的很多文章是激情澎湃、鼓舞人心的，并且都很值得回味和思考，而其中深刻影响到我的则是《实践论》和《矛盾论》两篇文章，它们深刻影响了我的世界观和价值观。《实践论》中讲道："通过实践而发现真理，又通过实践而证实真理和发展真理。"这句话我深有体会，我的专业是电气自动化技术专业，我在理论课上听到的、看到的知识都很抽象，不容易立即理解和掌握，但是在课堂实践当中，这些看不懂、摸不着的理论却一步一步成为了现实，成为看得见、摸得着的东西，这使我对课堂上的理论知识有了更深的认识和理解。毛泽东在《矛盾论》里的这段话："矛盾的斗争则是不断的，不管在它们共居的时候，或者在它们互相转化的时候，都有斗争的存在，尤其是在它们互相转化的时候，斗争的表现更为显著，这又是矛盾的普遍性和绝对性。当我们研究矛盾的特殊性和相对性的时候，要注意矛盾的主要和非主要区别；当我们研究矛盾的普遍性和斗争性的时候，要注意矛盾的各种不同的斗争形式的区别，否则就要犯错误"，这一段话让我明白我该如何看待问题，然后如何解决问题，使得我在做一件事情时，必须思考到这件事它在现在是怎样的，而它以后可能是怎样的，然后再根据思考的结果来行事，即使中途出现意外也能够快速地进行补救。

我的总结可能还不太全面，而总的来说就是根据《实践论》和《矛盾论》来看待问题，就能够将问题剖析得很清楚，对已发生的事情能够理解它，对正在发生的事情能够掌握它，对即将发生的事能够有理有序地看清它，从而对世界、对人生有一个清晰、正确的认识。

读完了整篇《毛泽东选集》，我的感想是作为新时代的青年，我还有许多不足，今年正好是五四运动一百周年，这让我想起了毛泽东在《五四运动》一文中这样呼吁道："全国青年们，努力啊！"是啊，时至今日我们青年仍需努力，尤其是我们当前所处的社会环境中让人沉迷而不能自拔的诱惑遍地都是，如果我们不能够辩证地看待问题，不积极地解决问题，对未来不充满希望，麻木消极地对待身边一切不好的事情，眼睁睁看着坏事变得更坏，那么我们失去的不仅仅是一代人的希望，而是一个国家、一个民族的希望。

不论是《实践论》《矛盾论》，还是《五四运动》，所透露出来的都是一个积极的精神形象，让每一个看到它们的青年都会振作起来从而抛弃颓废慵懒的形象。我们是时代的接班人，是未来的领路人，我们不能轻易放弃自己的未来。

——电气1172班　唐智康

《以感恩心做人，以责任心做事》伴我成长

曾几何时，我们在寻找着人生的真谛，寻找着做事的方法，我们在童年时盼望长大，在成年后却不想时间过得那么快，我们拥有最简单美好的时光，却没有懂得生而为人的担当。

小时候大人教我们做事要有责任心，做人要有感恩心。在成长的过程中，我们却总是为了别人眼中的自己，去做一些自己不喜欢做的事，还会经常抱怨上天的不公，其实上天对我们每个人都是公平的。当我看见《理工书单》中《以感恩心做人，以责任心做事》这本书的书名时，在我成长过程中一切与"感恩""责任""做人""做事"相关的画面便浮现于我的脑海，我回忆起小学时我的一位启蒙老师，那时的我胆小自卑，可我又十分想融入集体，我把自己的困惑说给老师听，老师告诉我，其实我一直身在集体中，只是自己在自己的四周隔了一堵墙，让想靠近我的人无法靠近，也让自己无法靠近别人。老师的话我记在心里，写进作文中，那些真心对我好的人都值得我用所有的真诚对待。

《以感恩心做人，以责任心做事》这本书以书名为主旨去向读者描述感恩与责任，做人与做事。让我想起扎龙湿地守鹤人徐卓的故事，她和我们一样生活在新时代，可她却经历着与我们不一样的人生，徐卓选择留在扎龙湿地，继续家人的足迹守护丹顶鹤，她不仅仅是守护着一份初心，还拥有着一颗对家人的感恩心，这颗感恩心化为责任心，让她对自己的选择更加坚定。她的这份坚定是值得我们学习的。没有家人就没有我们的生命，没有革命先辈就没有我们现在的幸福生活，我们更要努力学习科学文化知识，努力为实现民族复兴，为实现国家富强付出绵薄之力。有人说成长是一个人的事，因为不管是痛苦抑或是快乐，始终是自己的感受，是需要自己一个人去承担的，可我觉得从来到这个世界开始，我们就不是一个人，我们在家人的呵护中长大，在朋友的鼓励和支持中收获，在与对手的竞争中成长。我们生活在新时代，有好的政策，也拥有更多自我选择的机会，就像摩西奶奶所说“人生永远没有太晚的开始”，我们注定会与集体相融，也注定肩负责任。

生而为人就是要勇于担当，自己的错误自己承担责任，把自己喜欢的事做好，懂得饮水思源，感恩经历，感恩遇见，感恩所拥有的一切，做一个有责任心的感恩者。

——会计 1172 班　　蒋金利

2020·读书明理，书香战“疫”

1. 见证中国力量，致敬最美战士——经典诵读比赛

疫情来临时，我们的医护人员、解放军士兵等，他们舍小家为大家，抒写了一篇篇感人故事，描绘了一幅幅动人画面，是他们用行动践行誓言，用生命守护生命，他们逆行出征，去最危险的地方战斗，彰显了家国情怀，让世界见证了中国力量。在读书月期间，图书馆举办“见证中国力量，致敬最美战士”——经典诵读比赛，以经典诵抗疫精神，以美文读中国力量。因疫情影响，当时学校尚未开学，本次诵读比赛采用线上视频录制或音频录制形式开展。

2. 超星杯“书香战疫”——视频打卡活动

阅读承担着振兴民族文化、提高国民素质和国家文化软实力的时代使命。为更好地响应国家全民阅读的号召，广大师生借助湖南省高等学校图书情报工作委员会联合湖南世纪超星信息技术有限公司打造的“视频打卡”平台，开展线上阅读活动，获取经典的文化资源，享受丰富的文化生活。

3. “抗疫情·共读书”线上专题读书共享会——最美书评评比

春暖花开日，读书正当时。在这个不一样的春天，我们学会了敬畏，更学会了感恩，我们明白原来能够简简单单地坐在教室里读一本好书，都需要很多人付出夜以继日的努力才可以。让我们珍惜这大好的春光，从走进《理工书单》阅读一本好书开始，从体味书香、品茗文字、撰写自己的所读所见所感所悟开始。“抗疫情·共读书”线上专题读书共享会的共读活动已举办四期，得到了师生的广泛关注与参与，本次评比活动旨在让师生更好地参与共读活动、阅读精品好书、撰写“最美书评”，让大家的春天元气满满，收获满满。

优秀作品展示：

《外婆的道歉信》

《外婆的道歉信》一书，因为是虚实结合，现实和童话的双线脉络，我读后虽然有些地方没看懂，但是感触颇深。我虽然从小不是和外婆一起长大的，可妈妈每个星期都会带我去外婆家。外婆像勤劳的小蜜蜂，我看到她的时候，她在做事，我没看到她的时候，她也在做事，而且做事情毫不马虎大意。我和外婆的感情好像没有书中小主人公和外婆那样融洽，因此我羡慕极了那种相处模式。小时候和外婆一起看电视，节目很感人，外婆一下子就热泪盈眶，我连忙拿纸巾给外婆擦。后来不幸的事情发生了，我的外公走了，走得令人心痛，外婆哭得好伤心，在这一年里外婆经常坐在门口看着不远处的山，时不时地抹脸上的眼泪。我也不会说话，不懂得安慰外婆，有时候看着外婆哭，我也会跟着哭，就这样默默地陪着外婆。书的魅力就在于让人看了有喜有忧。我读书时总是会想起很多东西，我热爱读书，特别是这一类有趣的书籍。

——会计 1195 班　李珂珂

《一个人的朝圣》

仿佛通过作者的叙述，窥见到了他们最不愿意被人看到，就连自身都不愿意面对的伤痛。没有一丝美化，现实和真相就这样赤裸裸地呈现在我的眼前，令人唏嘘不已。然而悲剧已经发生,伤口已经造成,若不真实揭开过去所有的伤疤,使之痊愈,如何才能冰释前嫌？如何才能原谅过去的别人和自己呢？少时，父亲暴戾，母亲离去，父母的爱对哈罗德和莫林来说不知是何物；中年时，戴维的离世让哈罗德和莫林心生隔阂，婚姻名存实亡，同住在一个屋檐下却再无任何发自内心的交流。而通过这次旅途，过去六十五年的点点滴滴都翻江倒海般袭来，令哈罗德和莫林无处可逃。自责过，悲痛过，惋惜过，孤单寂寞过，心如死灰过，卑微如尘过，过去的一幕幕像电影般在他们的脑海里面播放，所有的情绪如排山倒海般令他们崩溃，但也令他们在绝望里开出一朵花。最终，他们终于能够放下过去的伤痛，回到他们相遇的起点，找回他们相爱的初心。哈罗德的朝圣，是一次拯救奎妮的朝圣，更是自我救赎的朝圣。

我们每个人无时无刻不走在人生的道路上，会感叹过去也会守望未来，也许你也经历过像哈罗德所经历的悲伤，但是请不要停步，收拾好心情，继续向前走吧。

——工商 1193 班　刘海燕

4. “战‘疫’，读书人的力量”——主题图像创意设计比赛

为进一步挖掘广大师生读者的创新设计能力，助力图书馆阅读推广宣传工作，现举办“战‘疫’，读书人的力量”——主题图像创意设计比赛。参赛者须围绕在全民战“疫”过程中的感人场景与故事来进行主题图像创意设计，以传播希望、鼓舞人心、传递信念、体现责任与担当。

5. “好书荐购——你选书，我买单”活动

为鼓励广大读者多读书，读好书，积极参与图书馆馆藏资源建设，提升图书馆馆藏质量与适用性，同时提升读者的馆藏文献检索能力，图书馆开展“好书荐购—— 你选书，我买单”活动。

2021·读书明理，学史爱党

1. “诵读红色经典，争做强国青年”——经典诵读比赛

本活动旨在庆祝建党一百周年，深情回顾党的奋斗历史，热情讴歌党的光辉业绩，继承和发扬党的光荣传统和优良作风，加强学生的爱国主义情感教育，引导学生知史爱党、知史爱国，助力学生深刻体会《理工书单》倡导的修身、做人、处事三方面九大道理，弘扬中华传统文化，彰显理工学子人文素养。

校党委书记叶星成老师为获奖选手颁奖

经典诵读比赛现场

2. “学史明理、学史增信、学史崇德、学史力行”——党史知识竞赛

为了让广大师生全方位了解共产党的发展历程，了解共产党为祖国建设所作的贡献，加深爱国主义情感教育，进一步培养师生的团结合作精神、责任感、认同感、幸福感，学

校在读书月活动期间举办党史知识竞赛活动。竞赛采用线上答题形式，分为教职工组和学生组，竞赛题目 50 道，每次答题从题库中随机抽取 50 道，满分 100 分。

3. “党建浸书韵，共读话初心”——专题读书·共享会

专题共享会活动旨在深入推进学校党史学习教育工作，继承和发扬革命传统和革命精神，营造学校浓郁的党史学习教育氛围，引导广大党员干部学史明理、学史增信、学史崇德、学史力行，学党史、悟思想、办实事、开新局。为更好地推进“理工读书·共享会”，学校积极开展“每周一书”主题读书活动，加强师生之间的读书交流，促进师生更新知识、活跃思维和提高综合能力，帮助师生在读书中陶冶情操，获取真知，适应新时代要求。本次专题读书·共享会以党总支或党支部为单位展开，利用超星学习通平台、党员活动室等线上线下交流平台，开展“每周一书”专题读书·共享会，共评选出 7 个“书香支部”。

获得“书香支部”荣誉称号的党支部：管理艺术学院党总支、党政办党支部、宣传统战部党支、思政教育工作部党总支、智能制造学院党总支、教务党支部、发展规划处党支部。

党史学习专题读书·分享会暨“书香支部”评比会

4. “书香留痕，党在心中”——经典书写比赛

以手抄经典的方式传承经典，弘扬经典，推动校园文化建设，弘扬中国传统文化。通过书写渗透经典中的文化精髓，学习修身、做人、处事之理，提升师生文化素养；进一步加强师生对书法的认知与理解，让中华传统文化之博雅致美根植于心。

经典书写比赛现场（一）

经典书写比赛现场（二）

5. “辉煌百年路，奋斗新征程”——青年教师论坛

为迎接建党一百周年，创新党史学习教育方式，充分发挥党史以史鉴今、资政育人的作用，提升青年教师素质，展示青年教师风采，学校以“辉煌百年路，奋进新征程”为主题，把学习党史同总结经验、观照现实、推动工作结合起来，同解决实际问题结合起来，同贯彻落实党中央、国务院和省委、省政府各项决策部署结合起来，立足省情、校情实际，从落实新发展理念、落实立德树人根本任务、实施“三高四新”战略出发，按照“谋争促强”的要求，围绕抓好供给侧结构性改革、先进制造业发展、科技自立自强、扩大内需市场、实施高水平开放、巩固脱贫成果、推进乡村振兴、深化产教融合、提升学校内涵建设水平、推动学校“四个一流”建设任务等工作，特在本届读书月活动期间开展青年教师论坛活动，激励广大青年教师从党史中汲取智慧。

青年教师论坛比赛现场

6. “专注服务，传播知识”—— 图书馆馆徽设计比赛

为活跃校园文化氛围，更好地塑造图书馆品牌形象，提升图书馆校内外影响力，浓厚校园书香文化氛围，增强全校师生对图书馆的归属感和认同感，同时展现师生的个性创意和艺术设计才华，图书馆特举办馆徽（logo）设计大赛，面向全校师生征集馆徽（logo）设计。

优秀作品展示：

设计理念：

logo 整体提取于学校图书馆外形，向建筑轮廓美学致敬。logo 中包含图书馆最初的起源时间，下半部类似翻开的书本的形象，体现了图书馆书籍浩如烟海。

——环艺 1193 班　贺盼玉

设计理念：

用圆框包围，一是为了利用圆框的位置，在圆框内放入学校与图书馆的名称；二是圆亦有包容万物的意义，意味着图书馆欢迎各位同学到馆学习。而图书馆自然需要书的元素，以爱心形状的书籍包围抽象的又似人物又似钢笔的图案，是表示爱在图书馆，也体现了我们学校图书馆的服务宗旨“读者第一，服务至上”。

——环艺 1193 班　石艳玲

7. 第十一届读者之星畅谈读书时光

我是读者之星李硕，来自会计 1192 班。

书，是人类文明的果实，是人类智慧的结晶，是人类进步的阶梯，是我们学习中必不可少的精神食粮。生活里没有书籍，就好比大地没有阳光；智慧里没有书籍，就好像鸟儿没有翅膀。只要我们热爱读书，就可以汲取几千年人类智慧的精华，就可以铸就智慧人生。作为在校大学生，阅读习惯的培养很重要。叶书记曾倡导理工学子要多多使用学校提供的三个平台：多用运动场，因为它是健康的基石；勤用实训楼，因为它是技能的训练场；善用图书馆，因为它是书籍的海洋。

都说"立德首在明理"，那么明理重在读书！为什么读、读什么、怎么读，《理工书单》给予了我们明确的指引，也为我们定制了良好的读书规划。《理工书单》不拘一格、大小兼收，既有自成体系的鸿篇巨制，也有短小精悍的经典名篇；既管用，又实用。通过每周坚持阅读书单之书，帮助我们辅课内之学，明生活之理、练生存之技。从大一进校到现在，我积极开展课外阅读，累计读书 162 本，从静心阅读与思考中，学到了很多修身、做人、处事的道理，我相信，这些都将成为我人生最宝贵的财富。

除了培养阅读习惯，我还积极参与学校开展的各项主题读书活动，尤其是经常参加理工读书 · 共享会，也曾有幸成为过一次读书 · 共享会的领读分享人，我分享的书籍正是《理工书单》里面的一本经典巨作——《平凡的世界》。从认真完成线上图书共读，到积极申请成为读书领读分享人；从精心准备发言稿、制作展示 PPT，到最终站在读书 · 共享会现场给大家领读，分享读书感悟，整个过程中，我收获了很多，既提高了我在读、思、写、讲方面的能力，又锻炼了我的胆识，这是对自身内向的性格、不敢站在台前展示的胆怯的一次勇敢的挑战。很庆幸的是，我抓住了这次机会，在此，我也希望有更多身边的同学，也能同我一样，积极参与到读书活动中来，提升自己、锻炼自己，让我们的大学生活更加丰富与充实。

书籍是我成长道路上不可或缺的朋友，也是我最忠诚的伙伴。与书相伴的日子，我的内心是平和的，精神是丰盈的，生活是多姿多彩的。同学们，让我们一起行动起来，把读书当成一种生活的态度、一种成长的方式、一种精神的追求，让我们从现在做起，从一言一行做起，从一点一滴做起，读书明理，知书达礼。

2022 · 读书明理，传经诵典

1. "读百部经典，品千年文化"——《中华传统文化百部经典》校园行

深入贯彻落实习近平总书记给国家图书馆老专家的回信的精神，提升学校师生 对中华传统文化的理解和认知，更好地传承和弘扬优秀传统文化，助力学校"四个一"文化育人活动。

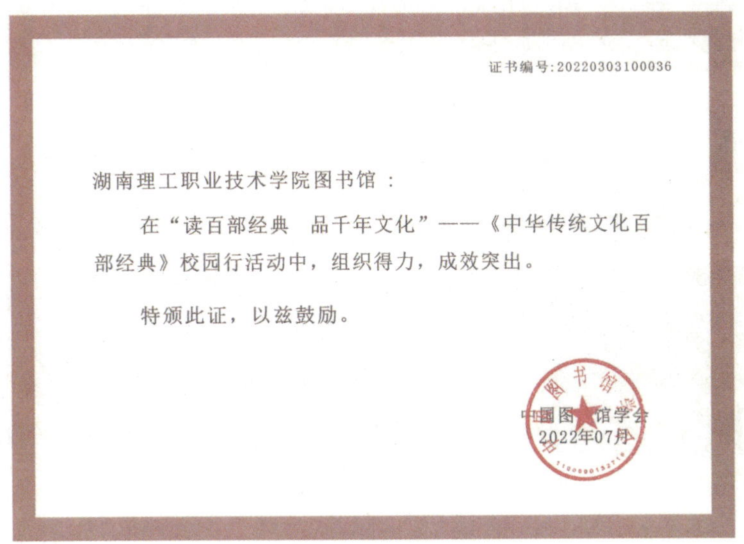

证书编号:20220303100036

湖南理工职业技术学院图书馆：

在"读百部经典　品千年文化"——《中华传统文化百部经典》校园行活动中，组织得力，成效突出。

特颁此证，以兹鼓励。

中国图书馆学会
2022年07月

湖南理工职院图书馆获《中华传统文化百部经典》校园活动"组织得力奖"

本次校园行活动共分为:《百部经典》阅读打卡活动、"经典有声"原著（节选）诵读展示活动、"共享阅读・微书评"荐书推广活动、"百部经典・百题大闯关"传统文化知识竞赛。在这次全国活动中，学校图书馆获得了湖南省高职院校第 1 名、湖南省高校第 2 名、全国第 17 名的好成绩，并荣获"组织得力奖"（全国仅有 100 所高校图书馆获此荣誉）。

2. "诵读国学经典，弘扬传统文化"——经典诵读比赛

深入贯彻落实习近平总书记关于传承和弘扬中华优秀传统文化的系列重要讲话，以及中共中央办公厅、国务院办公厅印发的《关于实施中华优秀传统文化传承发展工程的意见》的精神，激发学生读书热情，助力学校"四个一"文化育人活动，提升学生人文素养，举办"诵读国学经典，弘扬传统文化"——经典诵读比赛。

经典诵读比赛决赛

经典诵读比赛决赛现场

3. “你来我往，资源共享”—— 图书互换活动

为广大师生提供一个开放式的图书交换平台，提高图书的利用率，促进知识的传递，充分利用和节约资源，倡导环保，满足读者对知识的渴望，举办“你来我往，资源共享”——图书互换活动。

图书互换活动现场

4. “书 • 颜”——人与书创意摄影大赛

“书 • 颜”是一种新兴的图书宣传活动形式，通过人书嫁接的摄影方式，营造妙趣横生的视觉效果。读者充分发挥自己的创造力，将自己独特的创意和视角与图书激情碰撞，并用镜头表现出来。

优秀作品展示：

机械 1121 班　欧阳少娟

光伏 1213 班　罗　艺

造价 1213 班　余梦欣

造价 1213 班　　彭菊花

5. 校长沙龙

为倾听学生心声、了解学生思想动态、引导学生有效自主学习、密切师生关系，在全校营造自强不息、勤奋读书、求知上进的良好氛围，提升学校教书育人、管理育人、服务育人的针对性与实效性，学校举办了系列校长沙龙活动。

第一期主题：做勇于担当的新时代大学生

在活动交流中，同学们围绕自己在理工职院的成长收获、奋斗目标、职业规划等话题畅所欲言，气氛热烈。来自无人机 1202 班的彭文伟同学讲述自己入学后刻苦学习，在专业技能竞赛中克服重重困难，和团队同学一起冲刺省级专业技能竞赛奖项，特别感谢专业教师对自己的帮助。造价 1205 班文梦波同学分享了在护校队的成长和收获，他正在努力锻炼身体，毕业后将报名参加征兵入伍。造价 1201 班王雅鸾同学分享了自己入学后加入校学生会，现在已经成长为校学生会主席，学生干部的经历让她的综合能力得到全面提升。电商 1201 班奉慧涛同学分享了她想成为教师的梦想，为此她努力学习，曾获得“国家励志奖学金”，现阶段正在积极备战“专升本”。会计 1206 班邓粟文同学分享了自己对专业的热爱，受母亲的影响非常热爱会计专业，现阶段正在努力学习专业知识，立志成为一名优秀的会计人员。微电网 1202 班朱帆同学分享了自己在学校创新创业大赛中的收获，决定毕业后利用所学知识进行自主创业。

李科校长在学校图书馆

学生发言

李科校长认真听取了每位同学的发言，就同学们的分享逐一进行回应，并对同学们提出了三点希望。

一是要立勇于担当之志。同学们所处的时代是全体中华儿女为实现“两个一百年”奋斗目标和中华民族伟大复兴的中国梦而不懈奋斗的光辉时代，在这奋斗征程中，同学们在理工职院的精心培养下将成长为新能源类专业、智能制造类专业、电子商务等专业的高素质技术技能人才。希望新能源专业大类的学生利用专业所学，助力国家新能源战略的实施，为广大人民群众向往的绿色低碳、蓝天白云、青山绿水的高品质生活贡献自己的力量；希望智能制造专业大类的学生担负起“三高四新”战略之责，为打造“湖南先进制造业高地”担使命、做贡献；希望管理艺术学院的学生担负起打造“长株潭国家服务业中心”之责，为湖南现代服务业的高质量发展发一分光，献一份力。

二是要培勇于担当之能。作为新时代的大学生，要健全人格，塑造和谐的人际关系，具备良好的社会适应能力，拥有正确的自我意识，具有乐观向上的生活态度，具有良好的情绪调控能力；要强健体格，身体是学习和革命的本钱，在奋斗路上，强健的身体很重要；要认真学习，及时掌握专业必备的知识点、技能点、素养点；要勤于实践，通过单项实训、综合实训、毕业实习等环节，切实提高自身的技术技能本领；要勇于创新，不断培养自己的创新思维和思辨能力，提升自身分析问题与解决问题的能力，确保自己具备可持续发展的能力，使自己的职业生涯走得更长更远。

三是要逞勇于担当之效。希望每位同学都有勇于担当作为的铁脊梁、硬肩膀、真本事，努力成长为新时代的优秀大学生，努力成为实现伟大祖国民族复兴中国梦的生力军、奉献者，努力成为德智体美劳全面发展的社会主义建设者和接班人！

第一期校长沙龙活动现场

第二期主题：做德技并修的新时代大国工匠

在活动交流中，同学们围绕修业先修德、立技学匠人等内容结合自身感悟与职业规划踊跃发言、畅谈感想。汽车1223班的王雯同学表示当下她的首要任务是通过学习不断提升职业素养。光伏1221班的龚湘林同学立志要通过大学的学习，不断提高职业竞争力。无人机1221班的陈亚奇同学表示将积极参加职业技能大赛，为今后的发展打下坚实基础。电气1221班刘燕飞同学认为大学是增长才干的黄金期，一定会通过学习与实践，锤炼过硬本领。工商1221班的戴烨同学则表示将时刻保持“不待扬鞭自奋蹄”的状态，在学习和专业技能上耐心打磨、不断突破。动漫1221班的刘涛同学表示要努力学习和发扬工匠精神，成为对国家、社会有贡献的中国工匠。

在交流活动现场，李科校长有感而发，分享了自己的求学经历和成长历程，与同学们一起探讨交流了“自信、立德、练技”三个话题。

一是“自信”。李科校长表示，今天活动的目的就是要给大家鼓劲加油、树立自信。所谓英雄不问出处，成功不取决于起点，而是取决于奋斗过程。站在理工职院这个新的起点，同学们要正确认识自己，要树立信心、坚定信念、持之以恒，朝着自己的人生奋斗目标不断前进。同时也要深刻意识到，大学是人和人拉开差距的关键阶段，大家一定要珍惜眼前时光，不负韶华，怀抱梦想又脚踏实地，敢想敢为又善作善成。学校目前的三大专业群对接的就是国家重点发展的新能源产业、先进装备制造业和现代服务业，相信在学校的悉心培养和同学们的刻苦努力下，大家定能成长为各行各业的高素质技术技能人才、能工巧匠和大国工匠。

二是“立德”。李科校长通过三个问题：中国工匠最早出现在什么时候？在中国民间历史传说中，公认的工匠之祖、造纸工祖师、活字印刷的祖师分别是谁？　古代中国一度是世界上最大的原创之国、匠品出口国和匠人之国，中国的哪些产品曾是世界各国王公贵族和富裕阶层的“宠儿”？向同学们介绍了工匠精神的实质内涵和现实需要，解读了党的二十大报告和习近平总书记对新时代工匠精神的生动阐释。他强调，作为新时代的大学生，作为未来的能工巧匠和大国工匠，希望同学们不断弘扬和传承中华优秀传统文化，要把中华文化的核心力量——“仁爱”，中华文化的价值追求——“民本”，中华文化的做人准则——“诚信”，中华文化的伦理原则——“正义”，中华文化的独特品质——“和合”，中华文化的社会理想——“大同”等核心思想理念与精华巧妙融入自己的学习生活实践中，并将其内化于心、外化于行，争做以德为先的“德智体美劳”全面发展的社会主义建设者和接班人。

三是“练技”。能工巧匠是产业发展的重要力量，工匠精神是创新创业的重要精神源泉。从国家层面来看，党的十八大以来，习近平总书记多次礼赞劳动创造，讴歌工匠精神。2020年11月24日，习近平总书记在全国劳动模范和先进工作者表彰大会上精辟阐释了工匠精神“执着专注、精益求精、一丝不苟、追求卓越”的科学内涵，为我们弘扬工匠精神提供了根本遵循。为此，同学们要坚定热爱自己的专业，努力培养自己对专业的兴趣，让工匠精神融入专业所学。从湖南省层面来看，湖南“三高四新”战略背景下高职院校“芙蓉工匠”的培养，具有湖南地域文化的“芙蓉工匠”的文化特征与内涵，涵盖了“心忧天下、敢为人先、经世致用、坚韧不拔”的湖南人“精气神”和“吃得苦、霸得蛮、耐得烦”的湖南人特质。“吃得苦”彰显敬业与坚韧，坚韧不拔;“霸得蛮”彰显刚劲与不服输;“耐得烦”彰显专注与精益求精;“心忧天下、敢为人先”彰显担当与创新。从学校层面来看，如何将同学们培养成长为合格的“芙蓉工匠”，是我们共同的奋斗目标。在理工职院的三年，希望同学们一要学深学透每门课程，包括专业基础课、专业核心课和专业拓展课。大学的教学方式主要以讲道理讲方法讲思路为主，大家要不断适应新的教学和学习方式，要在实训室多动手、多研究、多思考和多总结，要多去图书馆畅游书海，增长知识，明白道理。二要练熟练精每项技能，要强化单项实训、综合实训、顶岗实习，要确保自己天天练、反复练、综合练，做到熟能生巧、全面掌握、灵活运用。三要积极参加技能大赛。要磨砺职业技能，通过积极参与校级、省级、国家级等各类赛事和赛项，积累经验和收获荣誉，为未来“专升本”、高质量就业等赢得更多机遇。四是要踊跃参加创新创业大赛，经济高质量发展需要更多创新型人才，大家要积极参加国、省互联网+大赛、黄炎培职业教育奖创业规划大赛、挑战杯系列竞赛等，在反复实践中不断提升自己的创新意识与能力，进一步增强自身的职业竞争力。

签名赠书

第二期校长沙龙活动现场

6. 第十二届“读者之星”畅谈读书时光

我是读者之星李易凡，来自电气1203班。

我以《最是书香能致远,人间大美是读书》为题分享“书香班级”创建经验。创建“书香班级”，既可以营造一个良好的班级读书氛围，又可以提高我们的认知水平，不仅对我们的思维和行为方式发挥着潜移默化的作用，又对推进优良班风、校风建设具有重大意义。下面就我们电气1203班在创建“书香班级”过程中的几点体会和大家进行分享。

① 坚持班委带头，扎实推进读书。

通过教师指导学，班委带头学，同学跟着学，做到一级带着一级学，让读书活动持之以恒。一是坚持整体计划读书。以每个同学的能力提升为导向，整体谋划，有序推进，制定并落实学期“书香班级创建方案”，统筹安排读书活动，以读书提素质，以读书强能力，确保读书效果。二是坚持按部就班读书，建立健全读书考勤、考核、检查、读书成果通报等制度，把读书情况列入学生综合素质测评，学习委员定期通报全班同学的读书情况并进行督促。2021年下学期，电气1203班全班同学认真积极撰写读书笔记，共计210篇。三是坚持结合实践读书。班委带头开展学习研讨交流，带头分享读书感受，引导全体同学养成好读书、读好书的习惯，增强读书的实践性、实效性。2021年下学期电气1203班7人获得校级、院级“四个一”文化育人活动奖励。

② 坚持创新方法，积极引领读书。

根据“书香班级创建方案”，我们构建“共读、深读、常读”的读书模式，引领班级同学读书，让读书活动卓有成效。一是搭建载体，好书共读。通过开展“共读·不孤独”活动，全班共读一本书，做到好书深读，互评互比，互学互鉴，共同成长。二是拓宽途径，好书共享。通过开展“好书分享会”活动，同学们畅所欲言，分享自己的所得、所感、所悟，在读书中不断充实提升自己，不断从书籍中汲取营养。三是常抓不懈，好书常读。根据“书香班级创建方案”里的读书清单、方式、时间、地点，做到月有检查、周有落实，坚持经常抓、长期抓。去年以来，我们共开展集中读书16次，平均每周组织一次集中读书活动。

③ 坚持线上线下，合力推动读书。

通过线上线下共同发力，多措并举，推动读书活动深入班级、深入学生，让读书活动入脑入心。一是办好线上读书活动。在智能制造学院微信公众号“周末有书声”新媒体栏目打造网络宣传阵地，积极筛选并推荐优秀的诵读作品投稿，将新媒体有机融入读书活动，不断增强同学们读书的主动性和自觉性；二是办好线下读书活动。充分发挥班级的团属性阵地作用，在开展团支部三会两制一课的过程中推广读书活动，及时征集同学们读书学习的优秀成果，汇集好的经验和做法，定期组织开展读书交流报告会活动，把学习活动不断引向深入，实现了读书活动的广覆盖、常态化。三是结合“青年大学习”开展读书活动，广泛发动团员参与“青年大学习”，据统计，我班去年“青年大学习”完成率为100%。通过开展一系列活动，在全班同学中营造了深化学习、比学赶超的良好氛围，真正做到自学与集中相结合、线上与线下相结合、交流体会与组织生活相结合，把读书成效转化为成长动力，实现了读书活动在对象上“全覆盖”，在时间上“全过程”，在空间上“全方面”。

过去取得的成绩是对我们的肯定，我们将带着这份荣耀继续努力。同学们，朱熹有诗云：“半亩方塘一鉴开，天光云影共徘徊。问渠哪得清如许，为有源头活水来。”让我们畅饮这杯“源头活水”，攀登这人类进步的阶梯，一起遇见读书，遇见更好的自己。

第三章　引领：在奋发中绽放

理工读书不断深化，社会影响不断扩大。《理工书单》被评为全省思想政治工作优秀研究成果奖。早在2019年4月，湖南理工职业技术学院就倡导发起湘潭十大高校读书联盟，成功承办“我和我的祖国‘书香湘潭’全民阅读活动暨湘潭十大高校‘学习强国’读书分享会”，产生了良好社会反响，中青在线、湖南红网等国家级、省级媒体纷纷报道。学校图书馆长期致力于传承、发扬中华优秀传统文化，2020年获评“中华传统文化经典•推广图书馆”称号。2020—2022年，学生代表连续三年入围全国高职院校信息素养大赛决赛，获特等奖两项，一等奖一项。学校连续三年获评全国“优秀组织奖”。“书香理工”社会美誉度和影响力不断提升。

2023年2月，学校牵头成立湖南省职业院校读书联盟，并成功承办湖南省职业院校楚怡读书行动启动大会，为引领书香湖南建设发挥了积极作用。

2023・悦读新时代，逐梦新征程

1. 湖南理工职业技术学院楚怡读书行动暨第十三届读书月活动启动大会

为引导广大师生积极投身学校楚怡读书行动和第十三届读书月活动，进一步推进“书香理工”建设，助力湖南职业教育内涵式高质量发展，特举办学校楚怡读书行动暨第十三届读书月活动启动大会。校党委班子全体成员，相关部门负责人及师生代表共300余人出席启动大会。

校党委书记叶星成讲话

校长李科讲话

启动大会与会领导与师生代表合影

2. “悦读新时代　争做新青年”读书大会

为深入学习贯彻党的二十大精神和习近平总书记关于教育工作的重要指示，本次读书大会通过多人读书分享的方式，交流读书体验、读书方法、读书心得，从而活跃阅读思维，改进阅读方法，提高阅读效果，进而激发师生的读书兴趣，助力学校的立德树人中心工作。

本次读书大会共有师生代表 130 余人参加，校党委书记叶星成等五位党委班子成员和部分中层干部出席。大会分为修身、做人、处事三个篇章，分享的书籍选自《湖南省职业院校推荐书单》（2023 年度第一批）。

师生读者现场分享读书感悟

读书大会与会领导与师生代表合影

党委书记叶星成全程观摩后，满怀喜悦地进行了现场点评。叶星成表示，13 名师生的悦读分享联系自身实际、呼应时代关切、彰显家国情怀，能量正、襟量宽、质量高，是一场精彩纷呈的思想盛会，是一场收获满满的思政盛宴。他听后倍感欣慰、备受鼓舞，切实感受到理工读书读起来了、读进去了、读出来了，切身体会到理工读书读出了色彩、读出了芳香、读出了味道，理工读书别开生面、善莫大焉！

叶星成指出，“将读书进行到底”，是理工职院矢志不渝的追求。5 年来，学校党委绘出了“建设书香理工、引领书香湖南、给力书香中国”的读书愿景，提出了“每周一书”的读书动议，推出了“明理知行”的《理工书单》，牵头发起“湘潭十大高校读书联盟”，申请成立“湖南省职业院校读书联盟”。理工读书抛砖引玉、近悦远来，理工读书使命光荣、责任重大。

叶星成强调，“用心读好一本书”，是落实学校第三次党代会确定的“四一两全”战略擘画的关键一环。学因“用”而贵，书因“读”而香。理工读书向未来，必须始终坚持学思用合一，始终坚持知信行统一，始终坚持真善美归一。他提出三点希望与读者共勉。

第一，希望大家一脉相承弹好理工读书“三重奏”：增智，明理，达礼。就是要开卷有益长知识、读书明理懂进退、知书达礼讲规矩，实践出真知，吃堑也长智，除了读有字书，还要读无字书，悦读新时代，争做新青年。开卷不增智、读书不明理、知书不达礼，书读再多也徒劳。

第二，希望大家一如既往追求理工读书“三重境”：修身，做人，处事。就是要夯实人生基础、拓展人生空间、实现人生价值，内化于心，外化于行，格致诚正，修齐治平，悦读新时代，逐梦新征程。两耳不闻窗外事，一心只读圣贤书，书读再多也无益。

第三，希望大家一往无前越过理工读书“三重山”：立志，立德，立技。就是要以“书”为标有理想，以“书”为砺敢担当，以“书”为鉴能吃苦，以“书”为范肯奋斗，绵绵用力，久久为功，悦读新时代，成就新辉煌。咬文嚼字掉书袋，浅尝辄止装样子，书读再多也白搭。

最后，叶星成向全校师生再次发出读书号召：让我们乘着湖南省职业院校楚怡读书行动的东风，以阅读的名义集结，为实现中华民族伟大复兴中国梦“用心读好一本书”！

3. “悦读新时代　逐梦新征程”主题征文活动

为展现读书活动效果，按照“以阅读过的一本书，或者以阅读经历为话题，结合自己的学习或者工作经历撰写一篇 800 ~ 3000 字的征文”的要求，学校开展了“悦读新时代　逐梦新征程”主题征文活动。

优秀作品展示：

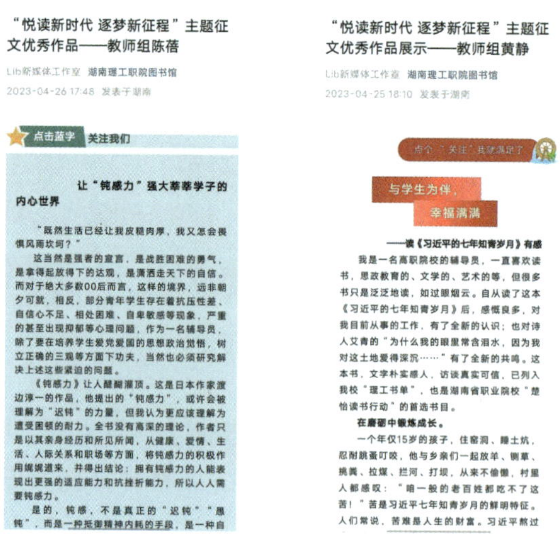

“悦读新时代 逐梦新征程”主题征文优秀作品——教师组陈蓓

Lib新媒体工作室 湖南理工职院图书馆

2023-04-26 17:48 发表于湖南

点击蓝字 关注我们

让“钝感力”强大莘莘学子的内心世界

“既然生活已经让我皮糙肉厚，我又怎会畏惧风雨坎坷？”

这当然是强者的宣言，是战胜困难的勇气，是拿得起放得下的达观，是潇洒走天下的自信。而对于绝大多数00后而言，这样的境界，远非朝夕可就，相反，部分青年学生存在着抗压性差、自信心不足、相处困难、自卑敏感等现象，严重的甚至出现抑郁等心理问题，作为一名辅导员，除了要在培养学生爱党爱国的思想政治觉悟，树立正确的三观等方面下功夫，当然也必须研究解决上述这些紧迫的问题。

《钝感力》让人醍醐灌顶。这是日本作家渡边淳一的作品，他提出的“钝感力”，或许会被理解为“迟钝”的力量，但我认为更应该理解为遭受困顿的耐力。全书没有高深的理论，作者只是以其亲身经历和所见所闻，从健康、爱情、生活、人际关系和职场等方面，将钝感力的积极作用娓娓道来，并得出结论：拥有钝感力的人能表现出更强的适应能力和抗挫折能力，所以人人需要钝感力。

是的，钝感，不是真正的“迟钝”“愚钝”，而是一种抵御精神内耗的手段，是一种自

“悦读新时代 逐梦新征程”主题征文优秀作品展示——教师组黄静

Lib新媒体工作室 湖南理工职院图书馆

2023-04-25 18:10 发表于湖南

点个“关注”我就满足了

与学生为伴，幸福满满

——读《习近平的七年知青岁月》有感

我是一名高职院校的辅导员，一直喜欢读书，思政教育的、文学的、艺术的等，但很多书只是泛泛地读，如过眼烟云。自从读了这本《习近平的七年知青岁月》后，感慨良多，对我目前从事的工作，有了全新的认识；也对诗人艾青的“为什么我的眼里常含泪水，因为我对这土地爱得深沉……”有了全新的共鸣。这本书，文字朴实感人，访谈真实可信，已列入我校“理工书单”，也是湖南省职业院校“楚怡读书行动”的首选书目。

在磨砺中锻炼成长。

一个年仅15岁的孩子，住窑洞、睡土炕，忍耐跳蚤叮咬，他与乡亲们一起放羊、铡草、挑粪、拉煤、拦河、打坝，从来不偷懒，村里人都感叹：“咱一般的老百姓都吃不了这苦！”苦是习近平七年知青岁月的鲜明特征。人们常说，苦难是人生的财富。习近平熬过

主题征文优秀作品展示截图（教师组）

“悦读新时代 逐梦新征程”主题征文优秀作品展示——程依晴（光热1211班）

Lib新媒体工作室 湖南理工职院图书馆

2023-04-27 17:20 发表于湖南

 点击上方“蓝字”关注我们吧！

至味里的至爱——读汪曾祺《人间至味》

汪曾祺老先生的《人间至味》，是一本关于美食的散文集。汪曾祺老先生在谈笑间将百姓家常的一饮一食，描绘得活色生香。让人垂涎和惊叹的不仅是那停留在舌尖唇齿间华夏美食的赞美，更有游子对乡情故土的眷恋和祈祷国泰民安的宏愿。

尝八方美食，是对自在人生的爱

初读这本书时，我便被汪老先生有关美食的奇思妙想所吸引——“蛋黄蛋白吃光了，用清水把鸭蛋里面洗净，晚上捉了萤火虫来，装在蛋壳里，空头的地方糊一层薄罗。萤火虫在鸭蛋壳里一闪一闪地亮，好看极了。”

我好似被这段话启迪，打开了新的世界。很是想尝试一番与两三好友傍晚追着萤火虫嬉闹，将其塞至鸭蛋壳看它亮着尾巴闪烁的乐趣。

等我再读到“冬天，生一个铜火盆，丢几个栗子在通红的炭火里，一会儿，砰的一声，蹦出一个裂了壳的熟栗子，抓起

“悦读新时代 逐梦新征程”主题征文优秀作品展示——许波（动漫1211班）

Lib新媒体工作室 湖南理工职院图书馆

2023-06-09 17:20 发表于湖南

点击蓝字 关注我们。

阅读让我释怀

记得徐志摩曾这样说道：“带一卷书，行十里路，选一块清净地，看天，听鸟，读书，倦了时，只身在青草绵绵处寻梦去。”过去我对此话没去细想，所以也没什么感觉。

有段时间，我学习上不如意，就连社交也是如此，因此一度认为，自己的能力可能也就这样了吧。我是多么的郁闷啊！我的心情糟透了。我多么希望自己的脚步能够慢一点，再慢一点。

正当我迷茫无助、万般无奈的时候，有老师劝我，多读点书吧，阅读能够使人豁然开朗。于是我一头扎进书的世界，以此找寻些许的温暖时光来放空自己的心灵。一次又一次翻阅书籍，书中的文字、故事、情节带领我走进了一个个不一样的世界，让我逐渐学会了放松心境，释怀过往，勇于再见，宛若新生。

有一天，我看到了林帝浣的《等一朵花开》，这本书给了我一个不一样的看待世界的视角。作者在创作时正在旅行的路

主题征文优秀作品展示截图（学生组）

4. “传楚怡精神　扬时代新风”读书风采展示

为积极落实《湖南省职业院校楚怡读书行动方案》，鼓励和帮助学生了解楚怡职教精神及内涵，进一步激发学生读书热情，助力学校“四个一”文化育人活动，提升学生人文素养，校团委、图书馆、宣传统战部联合举办了本次读书风采展示。全校所有班级都参与了本次活动，参与展示的12组学生经各二级学院初赛、复赛遴选产生。

读书风采展示现场照片

读书风采展示与会领导与师生代表合影

5. “最美阅读空间”打卡签名活动

通过打卡签名活动，展示“书香理工”魅力，吸引更多师生养成爱读书的良好习惯，营造浓厚读书氛围，助力推进全民阅读工作。活动举办期间，同学们纷纷在校园各个“最美阅读空间”拍摄制作主题阅读视频，并上传至指定网络平台。在签名活动当天，共有1100多名师生读者参与，在“悦读新时代逐梦新征程”读书行动横幅上签名。

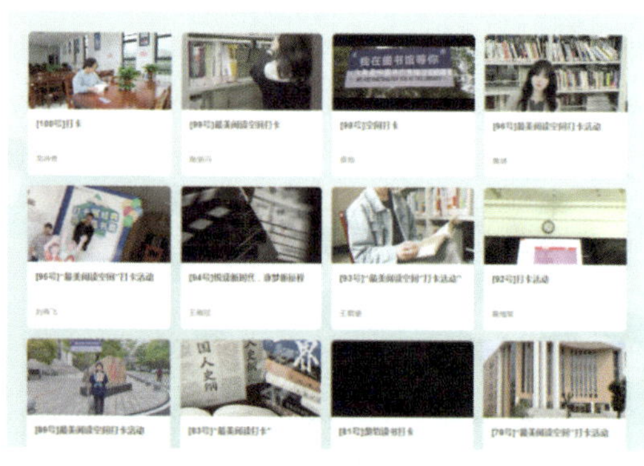

部分视频作品展示截图

打卡签名活动现场

6. 第十三届“读者之星”畅谈读书时光

我是“读者之星”赵慧妍，来自电商1211班。

书山有路勤为径，学海无涯苦作舟，所有读过的书都会融入灵魂；鸟欲高飞先振翅，人求上进先读书，所有读过的书都会沉淀智慧。记得2月22日上午，在我校举行的楚怡读书行动启动大会上，叶星成书记说过一句话：“人与人之间的差距，就是一本书的厚度。”音犹在耳，意味深长！作为理工学子，我深有同感，也深感庆幸！庆幸我在书香四溢的理工职院校园学习生活。

读书不觉已春深，一寸光阴一寸金。读书不论早晚，作为新时代的青年大学生，我们要多读书，读好书，更要善读书。我喜欢在安静的环境读书，专心致志地读；在读一本书之前，我会思考我要从书中获得什么，带上目的去读书；读书的时候，我常常拿一支笔、一个本子，摘录书中的精华，读完之后再反复琢磨和思考，把从书中获取的知识变成我自己的营养。

立身以立学为先，立学以读书为本。一个人读书带动另一个人读书，就有两个人读书；两个人再带动另外两个人读书，就有四个人读书。这样相互传递读书的习惯，就有了一个爱读书的氛围。我喜欢读书，室友和我一起读书，班级同学和我们一起读书，便有了一个爱读书的班集体。我们班每学期的图书借阅量人均 12 本以上，连续两次荣获“书香班级”荣誉称号，这既是一份属于我们班集体的荣誉，更是激发我们好读书的动力。

读书是以认知的力量去探测世界的广袤，借伟岸的灵魂来陪伴心灵的成长。读书于个人，如漫漫人生里的灯塔，照亮我们的奋斗之路；读书于社会，如历史进程中的星光，辉映壮美的文明之虹。同学们，幽幽书香，点点墨香，与文为伴，与书为友，让我们一起亲近书，喜爱书！让我们的青春在书香中绽放！

第三篇　读书空间

第一章　读书环境

静谧优美的校园内随处可见的文化石上，镌刻着“勤学、俭朴、乐观、诚信、合作、自律、敬业、专长、创新”，蕴含了修身、做人、处事三方面的九大道理；“滴水穿石”的石林，给人执着坚毅的启迪。走进绿植环绕的图书馆、宽敞明亮的自习室，那摆放整齐的桌椅，配套齐全的电子阅览室，琳琅满目的期刊阅览室，丰富的纸质和电子图书，热情和蔼、服务周到的库室老师，无不让人心旷神怡、流连忘返。

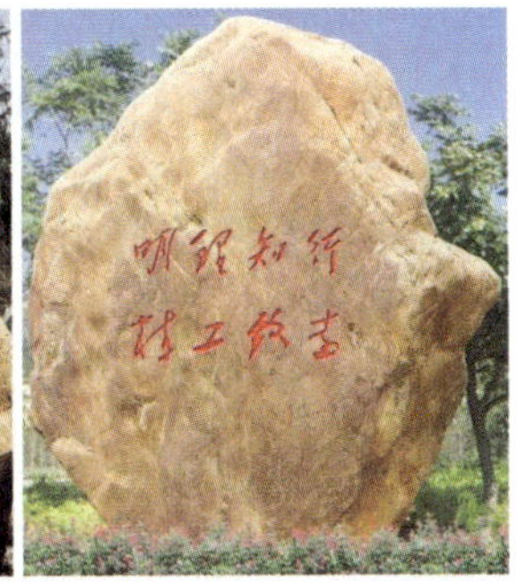

浓厚的文化氛围

优美的图书馆外景

怡人的读书场景

丰富的读书资源

多样的阅读空间

第二章　读书平台

为帮助学生激发读书动力，培养读书习惯，享受读书乐趣，图书馆着力打造线上线下读书平台，启动了“理工读书·共享会”这一读书机制，通过“共读”与“分享”两种形式，不断提升学生读、思、写、说能力，助力学校人才培养。

线上读书平台依托超星学习通 App。该平台资源丰富、功能完善，特别适用于以小组、班级等为单位，灵活开展线上共读共享，进行资源传递与学习沟通；也便于活动组织者收集线上阅读效果，调整读书安排。

线下读书平台依托图书馆丰富的馆藏图书资源与空间资源，在线上读书活动的基础上，进一步深化学生阅读效果。通过提供一个现实的读书交流平台，鼓励学生走到台前，融入热烈的互动交流中，畅谈自己的读书所想、所感、所悟。

作为一个开放共享的读书平台，线上线下的“理工读书·共享会”具有以下特色。

一、主题开放 平台支持

共享会主体是学生，学生可以自主选择其感兴趣，或认为可读性、获益性强的书籍推荐给其他学生共同阅读，促进资源的传递与利用，助力各种阅读小组的组建。同时，因共同阅读喜好而组建起来的阅读小组，可以发挥小组成员之间传帮带的正向促进作用，增强学生的阅读兴趣和信心。图书馆根据阅读小组的活动需求提供资源支持，为其提供纸质与电子版的配套资源。指导教师则根据书籍内容进行阅读指导，让参与阅读的学生可以充分领略书籍的魅力，体会作者的思想和情感。由此，通过“理工读书·共享会”这个读书空间，形成一个由学生主导、教师指导、图书馆支持的阅读共同体。

二、化整为零 聚沙成塔

共享会积极倡导学生“每日阅读一小时，每周阅读一本书”，引导学生把阅读作为一种学习习惯。在线上阅读平台，以特定的阅读群体为主，建立阅读小组。为鼓励小组成员坚持阅读，活动在以下方面进行引导：一是注重阅读量的合理设定。将共读内容以章节为单位逐日发布，阅读体量小，学生容易克服畏难情绪，完成每日阅读任务。二是注重阅读激励机制输入。对阅读时长、阅读签到、话题量、书评发布等活动的参与指标进行统计考评，对表现优秀者给予奖励。通过各种方式，确保学生能积极参与到每日阅读中来，让电子游戏、上网聊天等为阅读让路，在化整为零的阅读中，聚沙成塔，饱读好书。

三、形式是金 内容为王

共享会针对不同的学生群体，有不同的推行方式。当学生群体为班级时，我们重点打造“每周一书”的读书空间。由班级自主选取《理工书单》中的一本书开展共读，并以《理工书单》中所倡导三方面九大理为专题，由班级组织同学分享自己喜欢或正在阅读的专题书籍，通过线上线下开展交流。当学生群体特色鲜明时，则根据群体自身特点进行读书空间的打造。如当学生群体为英语协会时，共享会重点选取英语过级考试的重难点及考试经验分享等方面的内容；当学生群体为创新创业培训班时，共享会则会重点选取创新思维、创业经历、创业政策等方面的内容。分享的形式也根据内容的侧重点，采取不同的展示方式，如可以通过美文诵读的有声阅读方式分享，可以通过集中观看影片的无声阅读方式分享，还可以通过戏剧表演等艺术演绎的方式分享。

共享会针对不同的学生个体，会根据学生的特征、专长与需求，设置不同的参与角色（策划人、主持人、领读人、自由分享人等），供参与学生选择。每场活动，参与者可以根据自己的意愿和能力去挑战不同的角色，在不断的角色挑战中获得成长。同时，设立一定的奖励机制，以班级为单位设立最佳组织奖，该奖项可助力“书香班级”的评选；以个人为单位，设立最佳主持人、最佳领读者、最佳创新奖等奖项。活动使参与的学生，从外在得到鼓励，从内心获得动力，学习潜能得到激发，综合能力得到提升。

第三章　读书活动

第一节　活动演进

为了给全校的师生读者提供更好的服务，根据“书香理工”建设整体布局，打造读书空间，优化读书环境。学校重点打造了“理工读书·共享会”，为爱读书、会读书、想读书的师生提供互动、交流与分享的平台。

“理工读书·共享会”于2017年11月成立，2018年被列入学校校园文化建设三年行动计划，由点到面、从试验探索到全面应用分为三个阶段。

第一阶段：试验摸索阶段——2017年11月至2018年4月。第一，打造“读书·共享”空间。在图书馆601室布置一个休闲舒适、大方美观、智能便捷的“读书·共享”线下空间；并依托具有丰富资源的超星学习通，建立学习交流小组，构建“读书·共享”线上空间。“读书·共享”线上线下空间的建设，让想学习、想读书、想交流的同学有随时可以使用的平台。第二，图书馆学生管理委员会（简称图管会）先行开展“读书·共享会”活动。首先，培养图管会学生的阅读能力、推广能力和综合素质，培养出一部分标杆学生。其次，通过活动开展，摸索学生阅读兴趣的规律、活动环节的合理性，归纳出线上及线下活动部分流程的规范。最后，培养队伍的发展能力。在活动的开展过程中，通过图管会同学的参与和宣传，营造“读书·共享会”良好的读书氛围，在学校范围内打开一定的知名度和吸引力。

第二阶段：总结推广阶段——2018年5月至2019年9月。第一，升级“读书·共享”平台。一方面，进一步完善线下空间布置，探索书吧形式的可能性；另一方面，进一步优化线上同步平台，并总结出可供推广的线上平台使用流程。第二，由图管会学生带头组建阅读兴趣小组，由兴趣小组策划和组织相应的主题“读书·共享”活动。第三，进行活动内容创新，从读书·共享走向多元·共享，与学校的社团联系合作，形成协同。如由英语协会分享他们的英语主题故事或英语主题阅读，由书法协会分享他们的书法作品，由摄影协会分享他们的专业作品等。一方面丰富“读书·共享会”的活动内容，另一方面扩大“读书·共享会”在全校范围内推广的可行性和影响力。

第三阶段：全面应用阶段——2019年10月至2020年12月。第一，打造“理工读书·共享会”品牌，将可行经验推广到各个院、班级，将累积的素材制作成宣传海报、宣传片在图书馆的宣传平台上播放，让全校师生一听到“理工读书·共享会”就想参与其中，共同感悟读书的乐趣。第二，“理工读书·共享会”形成常态化机制，进行常规立项。在全校范围内鼓励全校师生自发成立读书小组，并且对其中优秀读书小组的活动招标成为“理工读书·共享会”子项目，为其提供内容上的支持、空间上的便利，并参照一定的项目标准进行管理和评比，评选出一批具有代表性的优秀读者、优秀班级、优秀组织等，起到示范引领作用，将“好读书，读好书”的习惯烙印在每个理工人的心中。

“理工读书·共享会”已成为学院品牌读书活动，活动影响力不断扩大。截至 2023 年 6 月，学校图书馆已组织开展“理工读书·共享会”187 期，由 149 个班级及 38 个阅读兴趣小组承办，参与线上线下活动的读者超 20 000 人次。

请扫码查看或下载“理工读书·共享会”活动一览表。

“理工读书·共享会”活动一览表

第二节　活动精选

第一期

1. 共享书籍

《席慕蓉诗集》，作者席慕蓉。

诗集共七册，包括《七里香》《无怨的青春》《时光九篇》《边缘光影》《迷途诗册》《我折叠着我的爱》《以诗之名》。席慕蓉的作品多写爱情、人生、乡愁，写得极美，淡雅剔透，抒情灵动，她以一位女性特有的细腻的视角，来体验着生命的温存，饱含了对生命的挚爱真情，影响了一代人的成长历程。

2017 年 12 月，由席慕蓉作词、吕学东作曲、姜丽娜演唱《故乡的歌》获第十届中国金唱片奖民族类最佳原创单曲奖。

2. 精彩瞬间

3. 读有所得

唐明涛：

我从诗中体会到这个女子许多许多个瞬间。

她喜欢回头看从前，站在温暖的阳光下，轻轻回眸，去解读一段一段的旧时光。在诗人眼中，每一朵花都有值得感动的形态，每一滴水都有可爱的念想，每一个生命都是存在于这个世界最大的惊奇。席慕蓉是带着充盈的爱去审视这个世界的。

当下的人们太匆忙，生活太粗糙，错过许多造物主打造的精美绝伦的美。于是，我们看到了一个热爱生活、热爱生命的女子执笔细描，创造出一张一张的“油画”。每当读到诗人与自然的对话，读到她说无法从容地走过一棵开花的树，读到窗外那啾啾鸣叫的鸟儿，我都无比地欣喜，不能不敬仰和钦佩。

要看到平凡景色中的美，那需要多么锐利、多么虔诚的一双眼睛呀！

席慕蓉的作品总能轻易让人安静下来，你会愿意聆听虫儿的低鸣，愿意盯着叮咚的流水度过一个长长的下午，愿意面对一个苍凉的渡头怀想过去，煮一杯咖啡，泡一壶清茶。或者只是找一个阳光明媚的午后，翻开这本书，阅读这个人，融进她真实的人生。

这许多许多个瞬间，或许你没有，请你慢慢地、深深地体会；或许你有，那么，请感激，请珍惜。

陈雪红：

读席慕蓉的诗，给我的第一感觉是怎么全是情诗？而待到细细品味那盛满忧伤的一本诗集，我才明白，她书写的，不只是那种她梦想的“绝对的宽容、绝对的真挚、绝对的无怨和绝对的美丽”的爱情，更是为了纪念难忘的青春里爱的印记。青春里最刻骨铭心的记忆，一定是一段忧伤、温馨也有诸多遗憾的爱。那些所谓的爱情也许不算真正的爱情，但是它们却实实在在地存在过，并且让我们为它们心动、憧憬、落泪、心碎。曾经沧海难为水，无论生命中还有多少浪漫甜蜜或是轰轰烈烈的爱情，青春时的爱一定是永生难忘的，那些明明暗暗的回忆被优于世界上任何一种保鲜技术的一种叫作爱的东西保存着，无论何时想起，都像刚刚发生过，心依旧在悸动，然而事实上一切都那么模糊。她也只是记得，年轻的他们在那个路口挥手告别；在她心中，对他的印象也只是那青青的衣裾；那些曾经让她那样流泪的爱情，再回首时也不过恍然一梦……我一直在想，那个让席慕蓉反复书写的他究竟会是什么样子。可后来我终于明白，那个所谓的他不是那个让她心动的男孩子，他的身影在她的心中也许早已淡去，席慕蓉书写的，是对逝去的青春的追忆和对那些缥缈不定的爱的感觉的捕捉，她将难以直接用于表达的爱都赋予给了一个个记忆中或想象中的情景：那样的邂逅，那样的暮色，那样一棵会开花的树，无疑都是对青春的爱的见证。哪怕一切终如云烟，她也要问一句：“难道青春必要愚昧，爱必得忧伤？”

4. 别样风采

图书馆学生管理委员会主任王贺敏同学，除了分享读诗的感悟，还现场朗诵了自己创作的一首诗，其中表达了她在图管会一年的感悟和收获。

书，述，诉，抒——致图书馆

我来
恰逢一载
相遇相知相识
情深情浅

与君书
不相恋
便不会和你有喜怒哀
不相爱
便不会和你有酸甜苦

那日
微风不燥
刚好看到你世界的微笑
藏在光里，相机里，轻言细语里
藏在水里，屏幕里，孜孜不倦里
藏在雨里，书库里，辛勤劳作里

与君述
天青色不等烟雨
图书馆便等你
三国，还是水浒
红楼，或是西游
都在这里静静地
等你翻阅

与君诉
未曾看见你的世界人来人往
我便学着川流不息

我跑过四季，遇见你
我跑过山川，遇见你
我跑过流水，遇见你
好不容易
想了很久
执笔

与君抒
好久没有为你写故事
拿起笔，又放下
我向往，却无力
愿
未来的日子
与你相伴
便足矣

4. 嘉宾发言

图书馆馆长杨明球老师：

首先我对理工职院“读书·共享会”的成功举办表示祝贺，对为此付出辛勤劳动的师生表示感谢！

“读书人是幸福的人，因为他除了拥有现实的世界，还拥有另一个更为浩瀚也更为丰富的世界。”从我们今天共读的《席慕蓉诗集》里，很好地展现出她内心美好的世界。

我们举办“读书·共享会”，是想通过读书实践活动构建一种有效的学习共同体，让爱读书、会读书的同学充分展示和发展，让不太爱读书、不太会读书的同学培养读书习惯，掌握学习方法，并通过读书活动不断深化友好关系，培养综合能力。我相信只要我们共同努力，共参共建共享，不断实践与总结，“理工读书·共享会”就会使我们真正爱上阅读，享受阅读。

◀ 第三期 ▶

1. 共享书籍

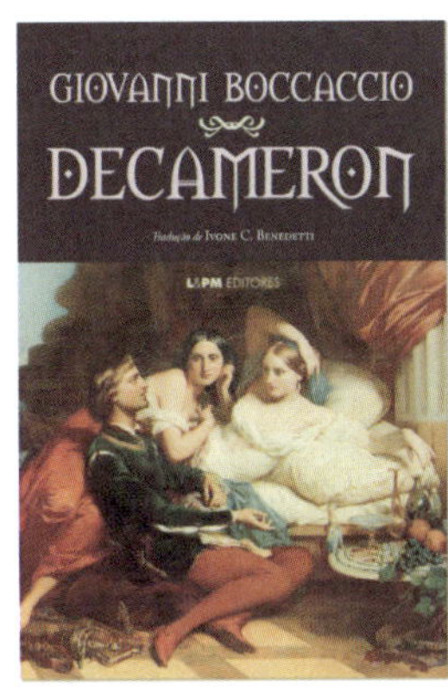

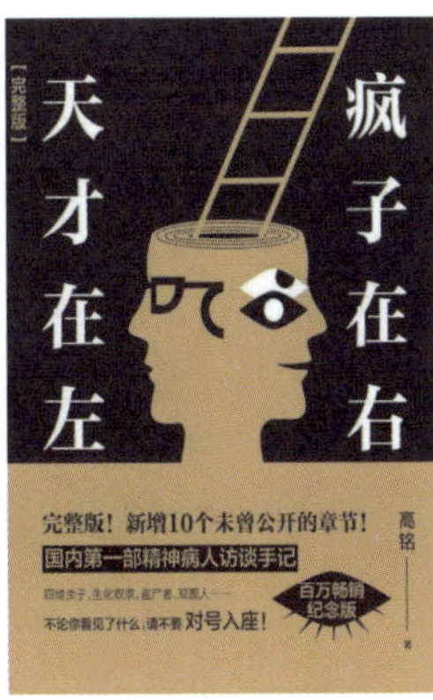

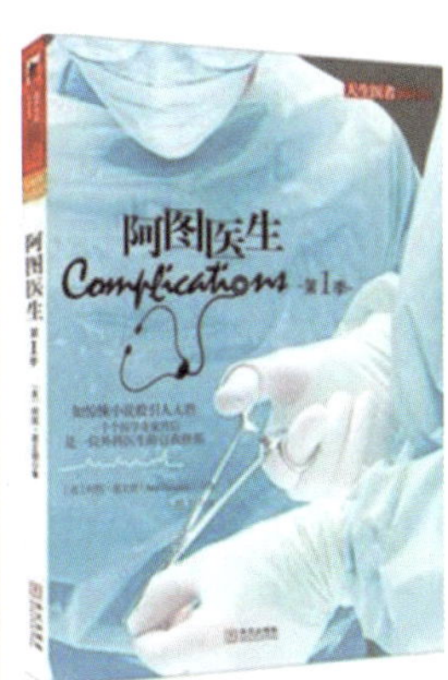

①《十日谈》是意大利作家乔万尼·薄伽丘创作的短篇小说集，创作于1350—1353年。该作讲述1348年，意大利佛罗伦萨瘟疫流行，十名男女在乡村一所别墅里避难，他们每人每天讲一个故事，共住了十天，讲了一百个故事。意大利评论家桑克提斯曾把《十日谈》与但丁的《神曲》并列，称之为“人曲”。

②《天才在左，疯子在右》作者高铭，这本书以访谈录的形式记录了生活在“另一个世界”的人群——精神病患者、心理障碍者等边缘人。他们有可能是身边看着正常的人，而大多数人却是那些看起来怪异的人，作者用深刻、视角独特的所见所想，让人们可以了解到疯子抑或天才真正的内心世界，感受到疯子与天才只有一线之差。

③《我这一辈子》一书选取了老舍先生的一些经典散文和中短篇作品。这些作品多取材于人们的日常生活，通过平凡的场景反映普遍的社会冲突，挖掘对人们生存、命运的思考。

④《阿图医生（第一季）》这本书中，作者阿图·葛文德披露了大量的医疗“过失”，他并不是想要揭露或曝光医学中的这些错误，相反，他希望通过这些描述加深普通大众对于医学复杂性的认识。

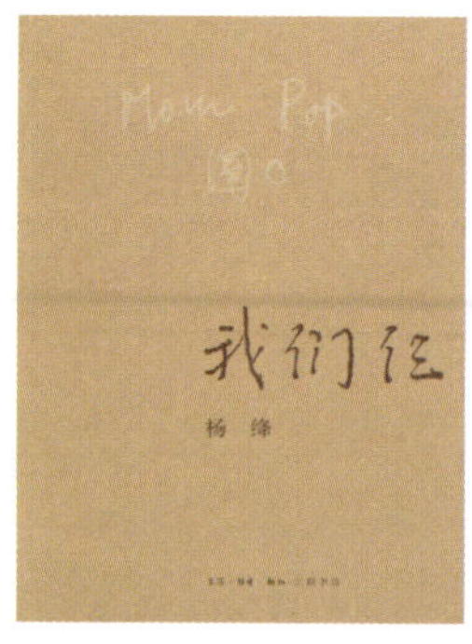

⑤《小王子》是法国作家安托万•德•圣-埃克苏佩里创作的儿童文学短篇小说。书中以一位飞行员作为故事叙述者，讲述了小王子从自己星球出发前往地球的过程中所经历的各种历险。

⑥《我们仨》是当代作家杨绛创作的散文集，首次出版于2003年7月。该书讲述了一个单纯、温馨的学者家庭几十年间平淡无奇、相守相助、相聚相失的经历。杨绛以简洁而沉重的语言，回忆了先后离她而去的女儿钱瑗、丈夫钱锺书，以及一家三口那些快乐而艰难、爱与痛的日子。

⑦《从容的底气》是林清玄首部为都市人群量身选编的“从容”读本。在作者看来，现代城市生活因为过度的忙碌和追求成功，使人们都像热锅上的蚂蚁，被一种不可控制的匆忙节奏所主宰，每天的时间都被零碎地分割，很少人可以从容地过日子。“从容”，是老天送给内心有空间的人最好的礼物。

⑧《岁月静好，不忘初心》作者林清玄，他借日常生活中平淡无奇的小事向读者展示出平等无私的大智慧。希望读了这本书的人，都能在茫茫世海中找到清凉的净土，以片片赤心感悟脉脉情缘。

⑨《奢侈态度》作者王迩淞，本书将作者对奢侈品和时尚行业的长期观察所得，通过五十篇文章展现给读者。从手工艺的地位到顶级设计师的魅力，从镜脚细节到巧克力制作，从爱马仕继承人到保时捷股价，作者用最宽广的视野指点奢侈品的前因后果，带给读者最意想不到的“奢侈品内幕”。

⑩《解忧杂货店》作者东野圭吾，现代人内心流失的东西，这家杂货店都能帮你找回。本书讲述了在僻静街道旁的一家杂货店，只要写下烦恼投进店门卷帘门旁的投信口，第二

天就会在店后的牛奶箱里得到回答：因男友身患绝症，年轻女孩月兔在爱情与梦想间徘徊；松冈克郎为了音乐梦想离家漂泊，却在现实中寸步难行；少年浩介面临家庭巨变，挣扎在亲情与未来的迷茫中……他们将困惑写成信投进杂货店，随即神奇的事情竟不断发生。

2. 精彩瞬间

3. 读有所得

陈雪红：

《我们仨》是杨绛在 92 岁时撰写的家庭回忆录，作者用简洁而沉重的语言，回忆一家三口那些快乐而又艰难的日子，表达了她对丈夫与女儿最绵长的思念，平淡真实且温暖。就像书中所说："'我们仨' 其实是最平凡不过的。我们这个家，很朴素，我们三个人，很单纯。我们与世无求，我们与世无争，只求相聚在一起，相守在一起，各自做力所能及的事。" 而正是通过这平凡的家庭，我们看到了他们不平凡的追求，也被书中的小细节感动，懂得了家庭这个庇护所的重要性，懂得了该好好珍惜家人在一起的每时每刻。

周思慧：

薄伽丘的《十日谈》我看过四遍，每一遍都能够品出不同的味道。抛开政治意义不谈，其实这本书读起来很轻松且有趣，因为它是由一个个小故事组成的，所以就算读了很久也不会有疲惫的感觉。更值得推荐的是这本书的特色和它所具有的意义，书中十个人讲的故事都有自己的口吻和特征，完全不像是一个人写出来的，而每个故事都蕴含深意，能够带来多方面的启发，相信你读了这本书必定有所收获。

曾晴：

《阿图医生（第一季）》这本书以新手医生阿图的视角向我们展现医院，展现生命。当今医患关系紧张，患者的不理解，医护人员的疲累，大量乘虚而入的“医闹”，这些事情从来都不容易解决。医学并不是一门完美的科学，而是一个时刻变幻、难以琢磨的知识系统。每天，医生都要面对变化莫测的情况，信息不充分，科学理论含糊不清……一个人的知识和能力永远不可能完美。即便是最简单的手术，医生也不可能向病人保证手术后一定会比原来好。有些时候，你会觉得外科手术好像是一种方法，用来探索医学的不确定及其难题。在这本书中对于“难题”的描绘始终贯穿于作者的写作，在一切看似无奈、无解的叙述背后，他始终有一颗“成为更好的医生”的心。

陈玉蓉：

《岁月静好，不忘初心》这本书是林清玄先生的一本哲理散文集，其间每一字句都饱含着对生命的理解，也都带给我一份对生活的感悟。每一个人对文字都有自己独特的理解，有些理解是无法用语言来表达的，我记下了自己非常喜欢的几句话：“见不到月亮的人只是被云层所遮，并不是没有月亮。”——《九月很好》。“罗丹之所以成为伟大的艺术家，那是他把人人有过的泥巴、石头、青铜一再地来见证自己的生命，终于成就了自己。”——《青铜时代》。“能感受山之美的人不一定要住在山中，能体会水之媚的人不一定要住在水旁……因为最美的事物永远在心中，不是在眼里。”——《象牙球》。“知足，使人即使在最复杂的社会里，也能自在、自由和自尊。知足，使人即使在最豪贵的人面前，也能胸怀高旷，充满悲悯。知足，使人即使在最艰难的困境里，也能安乐富有，充满感恩。”——《知足常乐》。

◀ 第六期 ▶

1. 共享书籍

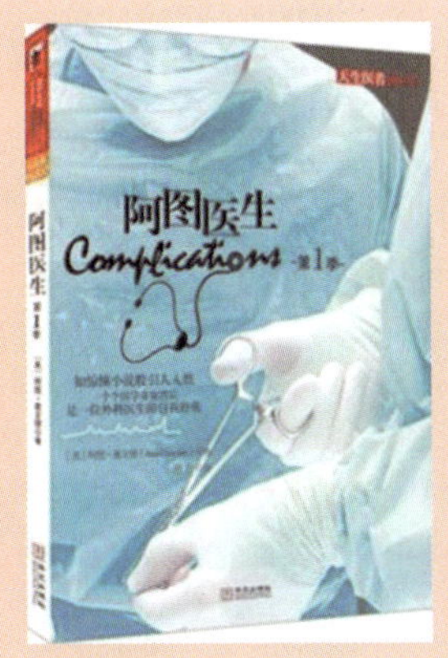

《阿图医生（第一季）》又名《医生的修炼》。作者阿图·葛文德，是一名印裔美国人。他是哈佛医学院临床外科副教授，影响奥巴马医改政策的关键人物，《时代》周刊2010年入选全球最有影响100位人物。在诸多金光闪闪的头衔背后，他最重要的身份，仍是一位医生。

《医生的修炼》是其创作的三部曲中的第一部，书中阿图作为新手医生，满怀抱负进入梦想中的白色巨塔，在那里，他经历了很多的磨炼，一步步成长起来。本书精选了14个主题，从不同侧面展现了医生所面对的世界的不确定性和做抉择时需要考虑的复杂因素。一个个医学现象的背后，是外科医生群体的自我审视与修炼。

2. 精彩瞬间

田怡熙同学在现场向大家推荐一部纪录片《人间世》，现场师生们进行了选集观看。

这是一部由上海市卫生与计划生育委员会、上海广播电视台合作拍摄的十集医疗类新闻纪录片，与以往看到的医院故事有些不同，十集的片子里有太多的意外，一位做试管婴儿失败的失独母亲，一台被迫中止的手术，一位手术做了 9 小时、直到手抽筋的院士，一位怀孕了被查出癌症的准妈妈……总导演说:“我们不想做非黑即白的报道，不写非黑即白的人生，而是想展示黑白之间。”

在观看纪录片的过程中，现场的师生们深受感动，纷纷积极分享自己的感受，有的同学想起了自己已故的亲人，感叹如果能够做到更好的临终关怀就好了；有的同学则感叹医生这个行业的不易，和对当前医患关系的担忧，表示从自己做起，对医生多一些理解；而有的同学则表示要学习医生这种锲而不舍的钻研精神，虽然自己的专业不一定能救命，但也能发挥出自己的价值。陈扬芳老师则鼓励大家珍惜生命，珍惜时间，珍惜青春！

3. 读有所得

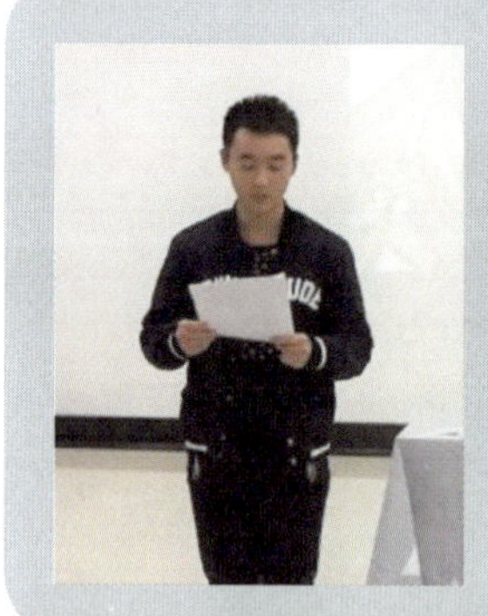

包峰：

我们所有人都一样，生病的时候，都是由医生掌控着我们的性命，而医生通常是不完美的，他们也有可能犯错。有时医生其实知道应该怎么做，却仍力不从心。不管我们从事什么工作，什么身份，其实都面临这样的问题，力不从心，失去本心。因此，不忘初心，才更显重要。永远不要忘记初心，时刻保持警醒，时刻保持善良、耐心。

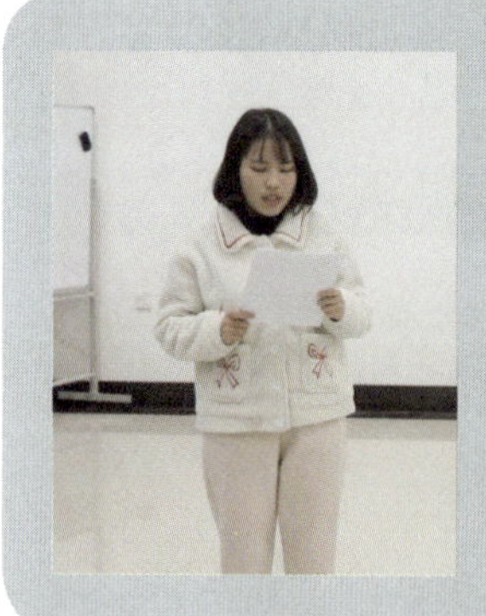

田怡熙：

决定并非一件容易的事情，也并不是我们为决定付出多少努力，我们就可以做出对的、适合的决定。决定之后我们往往为此承担后果、责任，而这也并非我们愿意和不愿意就可以选择接受和拒绝的。可无论结果好坏，我们只能也只有坚定地走下去。

4. 嘉宾发言

校党委书记叶星成老师：

刚才快速通读了《医生的修炼》，收获满满。书中蕴含了许多耐人寻味的道理，给我印象最深的是阿图的“三勤”。一是勤动手。对病人术后伤口的缝合，可以手缝，也可以机缝，他多选择手缝，更多地给自己历练的机会，从不偷懒。二是勤动脑。善于从小事领悟大道理，他从拒绝年轻新人担任其儿子家庭医生一事中，反思到医疗公平性及新人成长问题，提出了反对病人选择医生的建议。三是勤动笔。阿图是个有心人，他不仅技术精湛，思维缜密，而且文笔优美，文字出彩。对于每个经手病例，他出色完成任务后，都会详尽记录在案，情文并茂。他能有那些成就，我想与其“三勤”是密不可分的。作为职业技术学院的学生，能明此“三勤”之理，于大家日后职业生涯定大有裨益。

读书明理，知书达礼。一本好书，不同人看悟出的道理不一样。不同时期看给人的启迪也不一样。读好书如遇故知，其乐融融，美不尽言。腹有诗书气自华，希望孩子们以此活动为契机，多读书，读好书，做有书香气的理工学子。

第九期

1. 共享书籍

《茶馆》，作者老舍。

本书创作于 1956 年，1957 年 7 月初载于巴金任编辑的《收获》杂志创刊号，1958 年 6 月由中国戏剧出版社出版单行本。剧作展示了戊戌变法、军阀混战和新中国成立前夕三个时代近半个世纪的社会风云变化。通过一个叫裕泰的茶馆揭示了近半个世纪中国社会的黑暗腐败、光怪陆离，以及这个社会中的芸芸众生。

剧作中出场的人物近 50 人，除茶馆老板外，有吃皇粮的旗人、办实业的资本家、清宫里的太监、信奉洋教的教士、穷困潦倒的农民，以及特务、打手、警察、流氓、相士等，人物众多但性格鲜明，能够“闻其声知其人”“三言两语就勾出一个人物形象的轮廓来”。剧作在国内外多次演出，赢得了较高的评价，是中国当代戏剧创作的经典作品。

2. 精彩瞬间

3. 读有所得

谭杰匀：

老舍先生写的《猫》有很多独到之处。首先是表达了真挚的感情，老舍先生对家里的猫视同儿女，因此无论是古怪还是淘气，在他眼里都是十足的可爱。而且人与猫之间互相信任，和谐相处，创造出一个非常美好的境界。其次是老舍先生平实无雕琢的语言风格。在介绍猫的性格特点时，只是将事实具体地写出，使猫的形象越来越丰满，性格越来越鲜明，给读者留下深刻的印象。

汤升桦：

老舍先生的作品任意而谈，漫不经心，另呈风采。它的语言幽默，又有音乐感，开篇十分风趣："我是个谦卑的人……派四个大臣拿着两块钱的铜子，爱买多少花生吃就买多少！"其他诸如："美国姑娘就这样重看花生，可见它确实有价值；按照哥伦比亚的哲学博士的辩证法看，这当然没有误儿。"这类句子随处可见。同时全文长短句相间，旋律优美，颇有节奏感、音乐美。"种类还多呢，大花生、小花生、大花生米、小花生米，糖饯的、炒的、煮的、炸的，各有各的风味，都好吃。"节奏鲜明，颇有鼓词、相声风味。

尤其是这篇散文的描写精细传神，更使文章生辉。请看对花生外貌的描写："大大方方的，浅白麻子，细腰，曲线美。""弄开看：一胎儿两个或者三个粉红的胖小子。脱去粉红的衫儿，象牙色的豆瓣一对对的抱着，上边儿还结着吻。""细腰""曲线美""胖小子"，想象奇特，把花生形体描写得惟妙惟肖，像是给花生勾了一张速写。"浅白麻子""粉红色""象牙色"感觉细腻，把落花生的色彩调配得巧夺天工，犹如给花生画了一幅水彩画。"脱""抱""吻"这几个动词，以人拟物，把落花生刻画得鲜活绝妙，宛如一幕幕电影特写镜头。

老舍的散文在平淡的叙述、细腻的描写中蕴含着情感的波涛，流动着内在的旋律，虽未点明题旨，读者自会咀嚼出味儿来。

4. 嘉宾发言

周娜老师：

展望未来，同学们要扬帆起航。天高任鸟飞，海阔凭鱼跃。同学们，你们生逢盛世，外面的世界是你们大显身手的舞台，也是检验你们品质和才能的战场。希望同学们秉承"明理知行，精工致远"的校训，志存高远，奋发有为，努力在社会的各行各业、各个领域做出卓越的成就，开创自己辉煌的未来。

第三十八期

1. 共享书籍

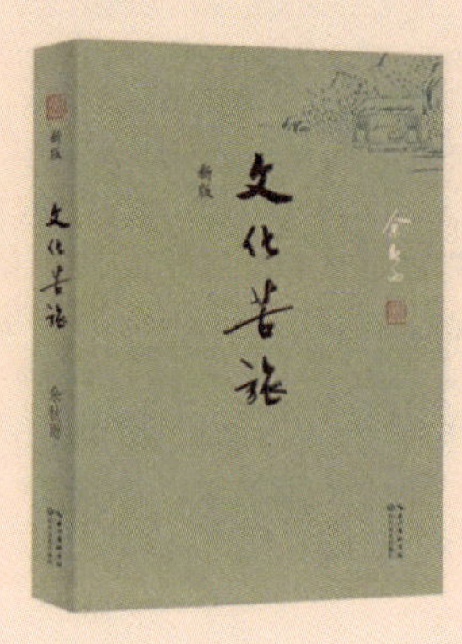

《文化苦旅》属于《理工书单》修身篇乐观类书目，作者余秋雨。

该书是作者的第一部文化散文合集，所收作品主要包括两部分，一部分是历史、文化散文、散点论述、探寻文化；另一部分是回忆散文。一处处令人流连忘返的风景名胜与历史古迹在它们的背后有着深层的含义，而作者运其妙笔，凭借山水风物来寻求文化灵魂和人生真谛，探索中国文化的历史命运和中国文人的人格。

2. 精彩瞬间

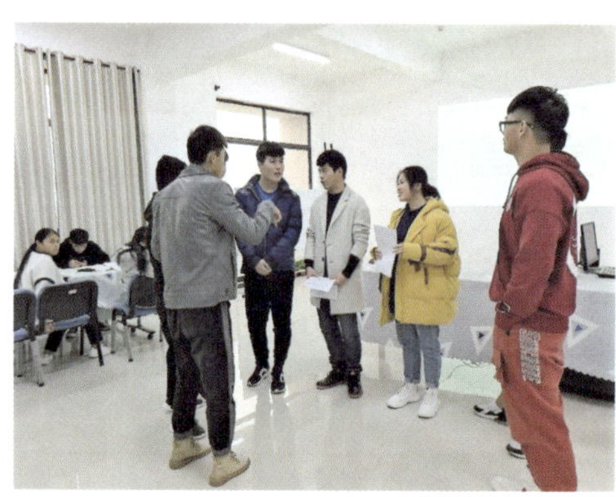

3. 读有所得

高冬梅：

《文化苦旅》这本书介绍了许多令人流连忘返的风景名胜与历史古迹，但你千万不要认为这本书会令你心旷神怡、轻松自在。在我读这本书的时候，我就已经感受到沉重与悲哀。在欣赏历史留给我们的有形“著作”——古迹时，谁又会去探究这一处处古迹背后到底隐藏了多少不为人知的秘密呢？作者通过展现那一处处古迹背后的辛酸和沉痛来唤醒我们的民族意识和民族情感，让我们铭记历史的教训！

彭磊：

《文化苦旅》是余秋雨的一本散文集，主要通过描写风景名胜及文化历史名胜古迹来寻求文化灵魂和人生真谛，如莫高窟、宁古塔、寺庙、黄州突围等，向我们展示了中国人的人格特性和历史命运。读了这本书，让我受益颇多，尤其是对于历史的思考和探索，让我从历史的经验和教训中得到了很多启发，“以史为镜，可知兴替”在这里得到了完美的展示。

雷双琼：

我想与大家分享书中的一段文字：“冰肌玉骨，坚贞不屈”，这就是腊梅。这株腊梅生长在医院里，盛开在医院里，给众人带来欣慰，惊奇，这便使腊梅拥有了更深一层的意思。“花瓣黄得不夹一丝浑浊，轻得没有质地，只剩片片色影，娇怯而透明”，如此晶莹剔透的腊梅，让我尽情地欣赏你的美吧，让我融入你那圣洁美丽的世界吧！

作者对腊梅的描述打动了我，我仿佛闻到了腊梅那沁人心脾的馨香。

4. 嘉宾发言

党政办主任黄永录老师：

活动的开展开阔了我们的视野，读到一本好书就如同邂逅一位伟大的老师，举办一次成功的读书活动必将带动更多的同学投身读书的行列。读书立志，让书籍成为我们成长的基石，让书香溢满我们的青春，读更多的好书，获取更多的知识。

5. 思考总结

本次的共享会就到此结束了，希望在几年后站在毕业典礼上的你，回首过往，能够对自己的进步和荣誉而感到自豪，从现在开始，珍惜每分每秒，为实现自己的梦想而奋斗吧！

第四十期

1. 共享书籍

①《你淡定的样子真好看》作者胡慧嫚。书中的主人公艾莉是一个职场情场都不算如意的人，直到她偶遇了活得比较自在的苏青，才有了从内心的重新梳理，并对生活有了更清晰的认识和更坚定的态度。

②《瓦尔登湖》是美国作家亨利•戴维•梭罗创作的散文集，描绘了他独居瓦尔登湖畔两年多时间里的所见、所闻和所思。该书崇尚简朴生活，热爱大自然的风光，内容丰富，意义深远，语言生动。

③《向着光亮那方》选自《理工书单》修身篇乐观类书目，该书是青年作家刘同 2016 年的作品。关于人生中的转弯、告别、妥协、原则、裂痕……是青春的敌人，也是成长的代价。

④《活着》是作家余华的代表作之一，讲述了在大时代背景下，随着内战、三反五反、大跃进等社会变革，徐福贵的人生和家庭不断经受苦难，到了最后所有亲人都先后离他而去，仅剩下年老的他和一头老牛相依为命。

⑤《鲁滨逊漂流记》主要讲述了主人公鲁滨逊•克鲁索出生于一个中产阶级家庭，一生志在遨游四海。一次在去非洲航海的途中遇到风暴，只身漂流到一个无人的荒岛上，开始了一段与世隔绝的生活。他凭着坚韧的意志与不懈的努力，在荒岛上顽强地生存下来，经过 28 年 2 个月零 19 天后得以返回故乡。

⑥《麦田里的守望者》是美国作家杰罗姆•大卫•塞林格创作的唯一一部长篇小说，首次出版于 1951 年。塞林格将故事的起止局限于 16 岁的中学生霍尔顿•考尔菲德从离开学校到纽约游荡的三天时间内，并借鉴了意识流的写作手法，充分探索了一个十几岁少年的内心世界。

2. 精彩瞬间

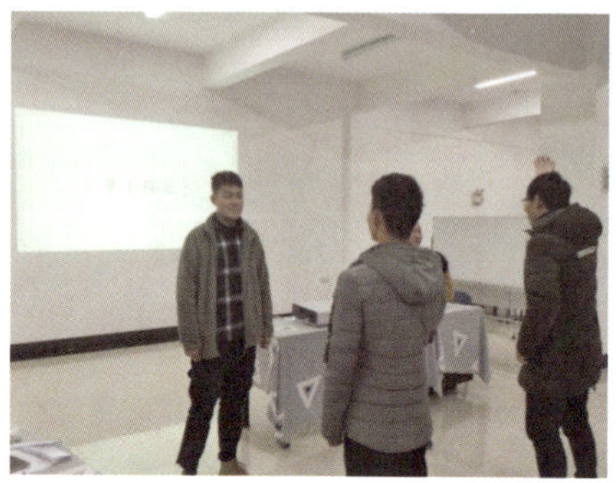

3. 读有所得

刘雨婷：

打开《你淡定的样子真好看》这本书的第一页，便是一首弗吉尼亚·萨提亚的小诗《当我内心足够强大》，开篇便是这句："当我内心足够强大，你指责我，我感受到你的受伤；你讨好我，我看到你需要认可；你超理智，我体会到你的脆弱和害怕；你打岔，我懂得你如此渴望被看到"。这首诗抓住了我的眼球。在人类的各项行为表现之下，隐藏着"应对方式、感受、感受的感受、观点、期待、渴望"以及那个"真正的我自己"。希望能有更多的人看到这本书，让每个人的生活，远离悲观、失望、迷茫。改变从现在开始，用自己的心体会真正的自己。

张耀辉：

《活着》里面讲到人是为了活着本身而活着的，而不是为了活着之外的任何事物所活着，生命是属于自己去感受的。没有比活着更美好的事，也没有比活着更艰难的事，至于我们为什么要活着，是因为人要不断地超越自己，不断进步，活出精彩，活出自我，实现目标。生命本身是没有什么意义的，我们赋予它什么意义，它就会拥有什么样的意义。

米育苗：

在《向着光亮那方》中，刘同用言简意赅的文字道出了我们成长路上所要遇到的问题，在述说自己经历的同时又道出了自己心里的最深感受。一字一句，无不让我感动。还记得那首诗所勾出的画面："迎面小路一直走，经过两个小路口，左转那家没有狗，不用害怕继续走，又是两个小路口，右转那家没有狗，我家就在大树后。"如果现在你觉得你的世界是黑暗的，未来的路是迷茫的，那就提着灯前行在这窄巷子里吧，你会看到光亮的那一方。

张娟娟：

《鲁滨逊漂流记》的作者是丹尼尔•笛福，出生于英国，被誉为"英国与欧洲的小说之父"。这部小说是作者受到当时一个真实故事的启发而创作的，是英国文学史上最早也是最重要的长篇小说之一。书中的主人公鲁滨逊是一个不屈不挠、一心想航海、有着坚强的意志力、与大自然顽强斗争的人。这个故事使我深受启发，要做一个乐观坚强的人，不管遇到多大的挫折，都不要放弃，坚定自己，相信自己，就一定能成功。

洪梦君：

读了《瓦尔登湖》，令我感慨万千。静静地卸载城市的喧嚣，用心写下孤独。每次看他的书都是一种震撼，他思考人生，让我的心如流水般澄澈。他让我感到敬畏，原来一个人的生活可以是这样的，他的一生虽然短暂却意蕴深远。他的精神世界绚烂多彩，而且精妙绝伦。在梭罗短暂的一生中，他试图鼓励人们要简化生活，将时间腾出来深入生命，品味人生。他通过自己的生活经验，告诉世人不要被纷繁复杂的生活所迷惑，从而失去了生活的方向和意义。要做生命的舵手，扬帆远航。

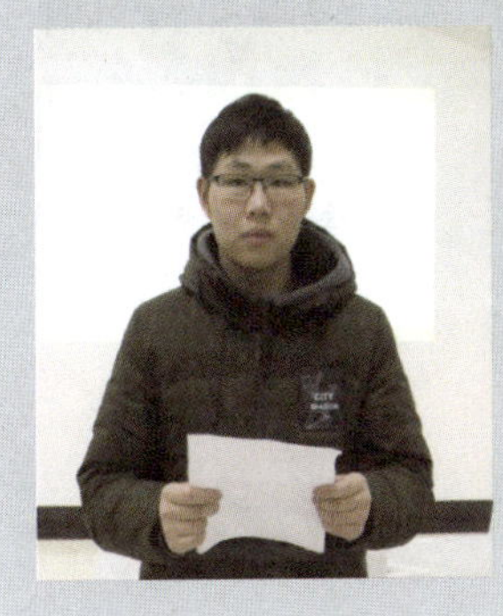

李奕德：

《麦田里的守望者》这本书让无数个青年人产生了情感共鸣，文中霍尔顿的彷徨苦闷与叛逆也正是千千万万个读者的影子，是青年人的苦闷心声。对于青年人来说，这本书使他们看见了社会中丑恶的一面，提醒他们对成人社会的虚伪欺骗要警惕。对于成年人来说，这本书更加使他们增加了对青年人心理的了解。另外，这本书的语言极其生动活泼，富有感染力，直言不讳，真实感人。主人公的内心世界存在一个美好的世界，他对麦田的想象让人心暖，然而现实使他失望甚至厌恶，深刻揭露了理想与现实之间的差距。

4. 嘉宾发言

刘希悦老师：

欢迎同学们参加此次的读书共享活动，我们图书馆举办读书共享活动的目的就是，首先，让同学们多读书，读好书，用读书来明理，每读一本书都能够有自己的一些体会，将它们写下来，做成读书笔记，在图书馆这个平台上相互交流、相互学习。其次，养成良好的阅读习惯也是一种技能的培养，同学们以后的学习、工作和生活中都能从中受益。

图书馆馆长杨明球老师：

此次的读书共享活动举办得非常成功，同学们在整个活动中都非常认真。我们都知道，我们每一个人，读同一本书都会有不同的感受，所以这种类型的读书活动是为了给同学们创建一个共同分享读书心得的平台。我们都应该养成好读书，读好书的习惯，所谓立德首在明理，明理重在读书，只有热爱读书，我们才能从书中学到许多知识。

5. 思考总结

少年读书，如隙中窥月；中年读书，如庭中望月；老年读书，如台上赏月。

今天，我们在这里，在每一位领读者的分享下，细细观摩着一本又一本书中的世界，每一个主人公的喜怒哀乐，仿佛都能引导我们的情绪，为他喜或又为他哀……总之，书中的世界妙不可言，说不完也道不尽。

◀ 第四十三期 ▶

1. 共享书籍

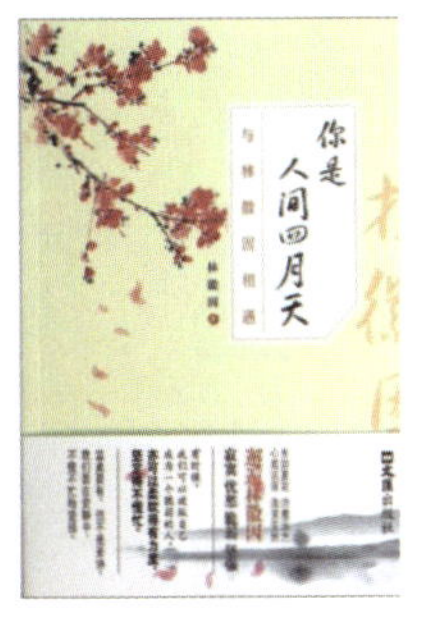

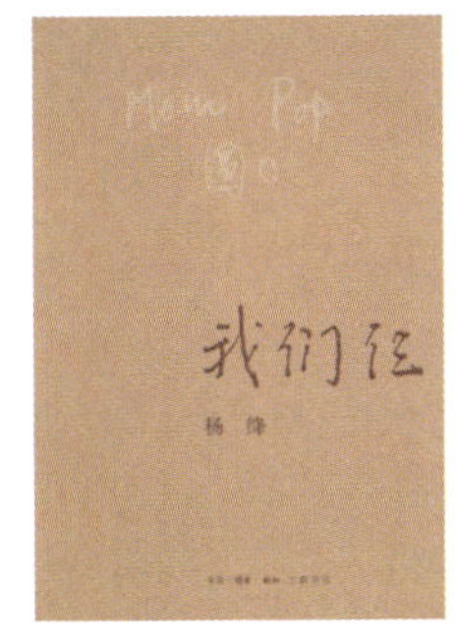

①《你是人间四月天》这本书的魅力和优秀不仅仅在于意境的优美和内容的纯净，还在于形式的纯熟和语言的华美。书中采用重重叠叠的比喻，意象美丽而丝毫无雕饰之嫌，反而愈加衬出书中的意境和纯净——在华美的修饰中更见清新自然的感情流露。

②《三国演义》选自《理工书单》做人篇合作类书目。故事起自黄巾起义，终于西晋统一，以魏、蜀、吴三国的兴亡为线索，描绘了三国时期尖锐复杂的军事斗争。书中用大量篇幅描写了几次大型战役，如官渡之战、赤壁之战、陵彝之战等，每次战役各有特色。

③《平凡的世界》选自《理工书单》修身篇俭朴类书目。该书以中国 20 世纪 70 年代中期到 80 年代中期的十年间为背景，通过复杂的矛盾纠葛，以孙少安和孙少平两兄弟为中心，刻画了当时社会各阶层众多普通人的形象，深刻地展示了普通人在大时代历史进程中所走过的艰难曲折的道路。

④《围城》中方鸿渐的婚姻就像围城，他迈进了就想出来，没进去前却又拼命地想进去。克尔恺郭尔《非此即彼》中的一段话恰如其分地反映了《围城》中方鸿渐的婚姻：如果你结婚，你就会后悔；如果你不结婚，你也会后悔；无论你结婚还是不结婚，你都会后悔。

⑤《我们仨》选自《理工书单》修身篇乐观类书目，讲述的是一个单纯、温馨的学者家庭几十年间平淡无奇、相守相助、相聚相失的经历。

⑥《解忧杂杂货店》选自《理工书单》做人篇合作类书目。本书讲述了僻静的街道旁有一家杂货店，只要写下烦恼投进店门卷帘门旁的投信口，第二天就会在店后的牛奶箱里得到回答。他们将困惑写成信投进杂货店，随即神奇的事情竟不断发生。生命中的一次偶然交会，将如何演绎出截然不同的人生？

2. 精彩瞬间

3. 读有所得

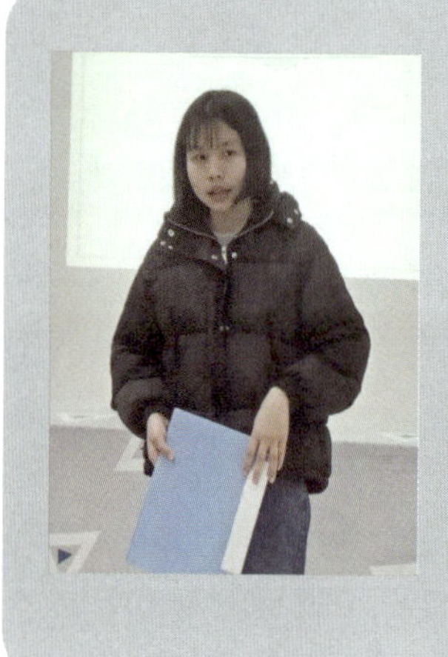

文玉琴：

读完《你是人间四月天》这本书，林徽因给我的第一印象是黛玉，民国版的黛玉。在读此书之前，我唯一看过的林徽因的文章，就是那首享誉已久的诗作《你是人间四月天》，其余并未涉猎，但深深被她的才气所折服。“风华绝代”这个词形容她再适合不过，毕竟美貌与才气兼备的女人少之又少。也正是她的风华绝代折服了徐志摩、梁思成、金岳霖。书中收录了林徽因的散文、小说、书信等。打动我的是她的书信等，有给朋友的、知音的、丈夫的、晚辈的。也许她为疾病、生活而苦恼，但是她真挚的感情，以及对建筑事业的热爱，给人很多感动。她在一封给徐志摩的信中说道，她正带着病痛和思念在偏远地区寻找民间古建筑。在那个战乱纷飞的年代，在肺病的困扰下，这需要多大的勇气！

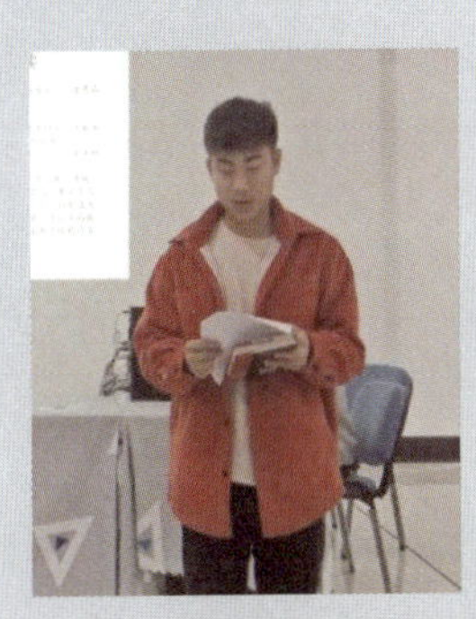

易志祥：

读完《三国演义》这本书，通过“三顾茅庐”的故事，我被刘备的毅力打动。刘备得到诸葛亮后感觉就像鱼儿得到水一样，说明刘备胸怀大志、尊重人才，善于团结比自己能力强的人，充分发挥大家的长处，努力提高自己，使整个集体充满战斗力。我也要看到自己的不足，虚心向其他同学请教。刘备是一个有志气、有追求、有思想的人，做事必然成功。我想，在我们的学习和生活中，不管前面的道路多么泥泞、多么困难，只要我们有毅力、有目标，最终也会成功。

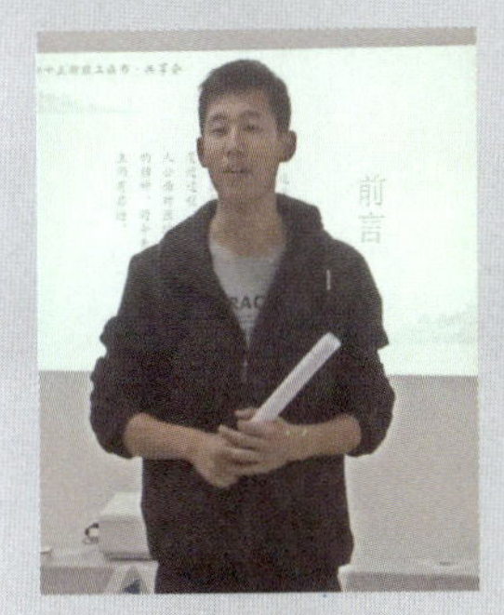

张忠：

《平凡的世界》对我的影响也许我现在还无法预测，但有一点是肯定的，它给予我一种来自灵魂的震撼。它改变了青春时期的我，改变了我的思想、我的行为、我的态度。生活没有如果，书中人物的命运告诉我们：我们每个人的命运都受制于这个时代。我们不能完完全全地决定自己的命运，我们要做的是怎样让自己更幸福。有远大的理想很好，想平凡的生活也好，这只是我们追求幸福的一种途径。

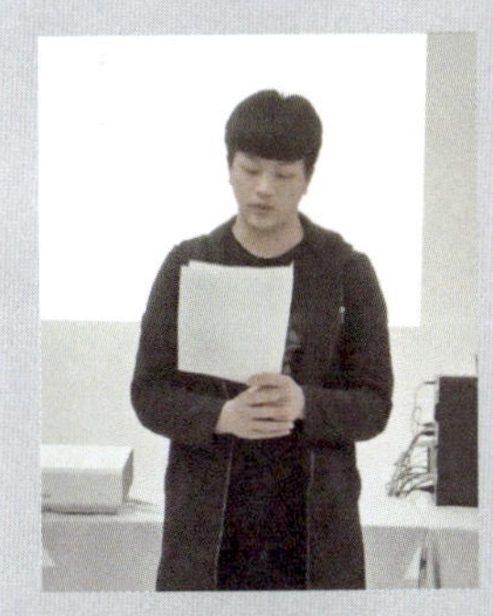

钟俊杰：

《解忧杂货店》让我感触颇深的是：无论怎样的人生，能有选择的余地就是幸福。故事里的每个人都选择了自己心中所想，或是因为一己私念，或是因为人间大爱，或是懵懵懂懂间的率性选择，或是念念不忘后的谨慎抉择，只要心中有一丝善念，终会有所回响。人生很奇妙，缘分很微妙，选择往往让人彷徨，愿你我心中有地图，纵然不知身之所在，也能以自己心中那份善念和执念为光，去摸索自己的方向；纵然对错过的风景有遗憾，但愿在这漫长人生中都能被人们诚恳对待。

王洪：

《围城》这篇小说主要以方鸿渐国外留学回来的生活为线索而写。方鸿渐是先进知识分子，但却自始至终游离在国家战争之外，着重于自己的婚姻、生活和事业。他在情场、名利场之中活跃，与各种人勾心斗角、争名逐利。这也是一场不见硝烟的战争，反映了旧社会的糜烂生活是如何蚕食一个锐气未脱的知识青年的，方鸿渐只是这群知识青年的缩影。作者用生动的写作手法和语言特点，用嘲讽的笔风为我们呈现出了社会中的各种人性。

单露露：

初读《我们仨》，只觉平淡无奇，无非就是家庭趣事。合上此书，满满地都是感动。生活细节汇于文字，没有过于华丽的辞藻，只是纪实，这种不加以修饰的美好才更加美好。感于真心，流于笔尖。2016年5月，当杨绛先生永远地离开我们的时候，我并不难过，只是替她开心，替他们仨开心。杨老需要的不是我们，而是她的钟书，她的圆圆和他们的家。如今，杨老不再寻觅归途，钱老不再痴心等待，他们仨，团聚了。曾看到过这样一句话“看到钱钟书和杨绛，才相信这世上有势均力敌的爱情。”“势均力敌”这个形容真的太贴切了。说实话，我很羡慕，我不奢求将来我与伴侣都是古木参天，但至少也要是橡树木棉。

4. 嘉宾发言

陈扬芳老师：

“理工读书·共享会”是一个读书的平台，是一种模式，让大家在这种模式下感受到读书的乐趣，然后与人分享，带动身边的人一起感受读书的快乐。希望大家能积极地参与，分享自己在读书方面的一些感悟，更重要的是自己在读《理工书单》的过程中有所收获。共享会的舞台是开放性的，是全员的，希望大家能够积极地到这个舞台上来分享。

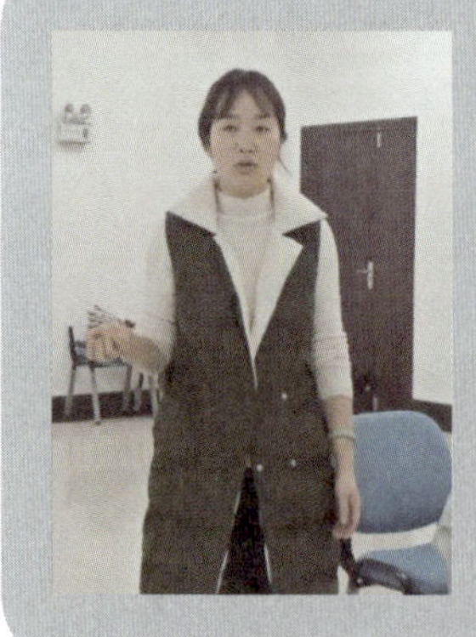

蒋金龙老师：

单露露所分享的《我们仨》这本书中的几个片段让我有感而发，作者能够在失去两位自己最爱的人后，还保持那么清晰的头脑，静下心来创作，最大的原因源于对文学的热爱，一般人是很难做到这样的。我也是个母亲，所以我深知父母对孩子的爱。在此悲痛的条件下，作者化悲痛为力量，一心扑在自己热爱的事业上，非常值得我们学习。

图书馆馆长杨明球老师：

此次“理工读书·共享会”举办得非常成功，同学们的发言都很精彩。一千个读者就有一千个哈姆雷特，不同的人读同一本书的感受不同，所以图书馆一直致力于给同学们提供一个分享与交流读书心得的平台，希望同学们都能养成爱读书、读好书、会读书的习惯。

5. 思考总结

多读书，行万里路；好读书，开卷有益；读好书，良师益友；勤读书，学海无涯。愿你遨游书海，其乐无穷；下笔如神，收获无限。

◀ 第四十四期 ▶

1. 共享书籍

《创行：大学生创新创业实务》，作者薛艺、乔宝刚。

如果你想要创业，本书可以告诉你关于创新创业最基础的知识，余下的可以从实践中去“精益创业”；如果你在犹豫是否创业，本书可以帮你坚定自己的想法；如果现在创业与你无关，了解创新创业等于增加了你人生的可选项。

本书分为五篇：从“创业是什么”中（第一篇），了解创业；做出是否创业，以及如何看待创业的决定（第二篇）；发现并评估你的创业机会（第三篇）；开始创业过程（第四篇）；最终应对创业过程中可能面临的各种挑战（第五篇）。从无到有，建立的不仅是事业，也可以在建立事业的过程中提升你的能力和应对未来不确定世界所需要的心智模式：对梦想的坚定、对行动的执着、对关系的自如、对成长的追求等。

2. 精彩瞬间

3. 读有所得

李彬：

从生命的长河来看，我们都会经历大大小小的失败。最早的失败包括刚刚开始走路时的摔倒；吃饭时不小心噎到自己；追求女孩子被拒绝；没有考上理想的学校……把创业当成人生试炼，你会发现，生命本质上就是一个不断失败、不断成长的过程。在这个连续的“创业”体会中，你会变得越发平和、越发智慧，成为“英雄”。

饶明：

我十分钦佩图德的创业行为，他那种坚持不懈、努力钻研的精神是我们现在的创业者十分需要的，也是十分可贵的。这个案例让我联想到，在自己追求创业成功的道路上不免会遇到向自己泼冷水的人或者遇到不顺心的事，面对这一切最好的办法就是不忘初心，砥砺前行。俗话说：“失败是成功之母”，即使我们在创业和探寻成功的道路上遇到挫折也要坚强去面对，成功地将困难变成垫脚石。

张忠：

书中有一章主要讲的是大学生是选择创业还是就业，我个人比较赞同俞敏洪老师的观点。大学生创业是好事，但是应该在创业前先就业，在工作中学习经验，积累实力，在公司里锻炼几年再创业也不会太迟，反而成功率会提高很多。在我毕业走出校门的时候，创业将会是我为之奋斗的目标，但是我会选择先就业，去积累经验，提升自己，然后在合适的时机创业，做自己想做的事。

郭红孟：

当今世界的很多人违背规律，按自己的意志行事并标榜为“创新”，结果磕得头破血流。创新并不是闭门造车，不是靠自己的主观臆断去随意瞎编乱造，而是要继承前人的优秀成果，在别人的正确引导下创新才显得更有意义。永葆一颗向往创新的心，细心观察，保持心态、善于继承，才能创造属于我们自己的天地。

杨柳：

大学生是创新创业的主力军，是一批有知识、有学问、有想法、有激情的主角，而我们学习创业知识能够有效地为未来的创新创业打基础，为后续创业实践建立理论基础。同时，国家为促进创新创业也大力出台了众多扶持政策，我们应当踊跃学习有关知识，为将来的创业做好知识积累。

4. 嘉宾发言

校党委书记叶星成老师：

叶星成老师充分肯定了本次“理工读书·共享会”，高度评价了各位同学的心得体会，并从《理工书单》中的“修身”“做人”“处事”三个维度和九个视角，对学生未来的创新创业提出了建议和希望。

叶星成老师指出，党中央高度重视创新创业，习近平总书记特别强调，创新是引领发展的第一动力。从创新理念到创业实践，再到创造精神，从“双创”到“三创”，内涵更加丰富，意义更加突显。

叶星成老师表示引导创新、指导创业、鼓励创造，是我们学校的办学出发点，也是学生的读书落脚点。读书重明理，知行贵合一。学校培百年老店、育时代新人，办不一样的理工，重中之重在于引导学生多读书、读好书，读以修身、读以做人、读以处事，明勤学、俭朴、乐观之理，明诚信、合作、自律之理，明敬业、专长、创新之理，将“理工九理”作为校创新之基、创业之础、创造之源，融入学生血液、植入学生骨髓，引导学生大众创业、万众创新、传众创造。

借此机会，叶星成老师向同学们提出三点希望，与同学们共勉。

第一，老板都从员工中来，希望同学们乐当员工、善当员工。将军起于卒伍，宰相出于州牧。合抱之木生于毫末，九层之台起于垒土，千里之行始于足下，讲的都是“古今兴盛皆在于实、天下大事必作于细”的道理。乐当员工，就是不以职小而小其实、不因位低而低其细；善当员工，就是要以德服人、以能服人、以理服人，近悦远来，万方辐辏，瓜熟蒂落，水到渠成。

第二，成功都从失败中来，希望同学们敢于失败、善于失败。失败是成功之母。成功者的经验固然入心，失败者的教训更加醒脑。成功者没有灵丹妙药，坚持不懈地试错就是济世良方。敢于失败，就是要无畏无惧，敢闯敢试；善于失败，就是要吃一堑长一智，莫在一坑摔两次。张首晟在《向败将学习》一文中讲道，法德战争后，双方将军分别就拿破仑的制胜法宝进行了总结，战胜方法国将军的结论是拿破仑的大炮用得好，战败方德国将军的结论是拿破仑的军、政、外交统筹好。*OnWar*（《战争论》）通过斯洛传到中国，毛主席读后挥笔写下了不朽名篇《论持久战》（英文叫 *On Protracted War*），战略思想醍醐灌顶，指导抗日居功甚伟。向败将学习，临渊可以少摔甚至不摔。

第三，幸福都从奋斗中来，希望同学们勤于奋斗、善于奋斗。历史由勇敢者创造，时代由奋斗者书写。习近平总书记 2018 年新年贺词一语中的:“把蓝图变为现实，将改革进行到底，无不呼唤不驰于空想、不骛于虚声的奋斗精神，无不需要一步一个脚印踏踏实实干好工作”。创新是如此，创业是如此，创造更是如此。勤于奋斗，就是要自信满满永不放弃、自强不息永不放任、自律坚守永不放纵；善于奋斗，就是要苦干加巧干、敢干不蛮干，奔跑追梦，继往开来。

5. 思考总结

通过本次“理工读书·共享会”，共读创新创业书籍，分享读书心得体会，同学们都表示受益匪浅，极大地增强了同学们的创新意识、创业能力和创造精神。

◀ 第四十八期 ▶

1. 共享书籍

《我们仨》属于《理工书单》修身篇乐观类书目，作者杨绛。

该书讲述了一个单纯温馨的家庭几十年平淡无奇、相守相助、相聚相失的经历。作者杨绛以简洁而沉重的语言，回忆了先后离她而去的女儿钱瑗、丈夫钱钟书，以及一家三口那些快乐而艰难、爱与痛的日子。家庭是一生的庇护所，生命的意义不会因为躯体的生灭而有所改变。那安定于无常世事之上的温暖亲情已经把他们仨永远联结在一起，家的意义也在先生的书中得到了尽情的阐释。

2. 精彩瞬间

3. 读有所得

余银萍老师：

在这本书中，杨绛先生用朴实的文字表达了对祖国的热爱。八一三事变后，他们全家被国外的富翁邀请到国外发展，但没有去，他们一心做学问，以读书为乐，以学术报国，让我想到了我们的理工精神。我们的理工精神中提到，要立报国之志，学一技之长，明读书之理，做社会主义建设者和接班人。

高海燕：

如果你们还在迷茫该读什么书，那么我建议你们可以多来图书馆翻阅、浏览一下书籍，也可以多参与图书馆有关读书的活动，先进一步拉近你们与书籍的距离，相信你们会慢慢地开始阅读、喜欢阅读，从而养成良好的阅读习惯。

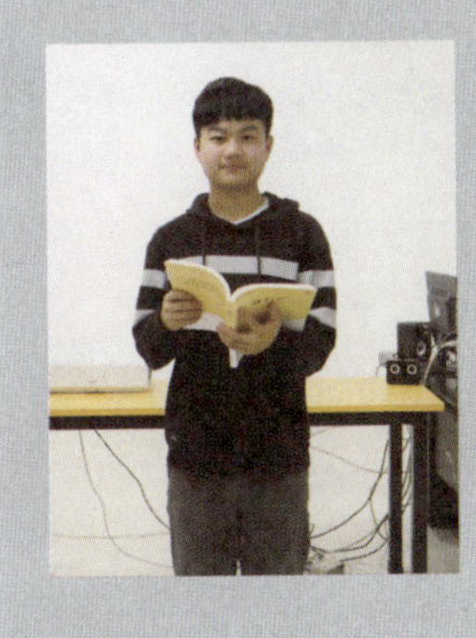

胡艺超：

当我读完《我们仨》，细细回味时，我深深感受到了杨绛先生的孤独和悲伤，这是一个长长的、亦真亦幻的故事。在我们的生活中，一些人有着很重要的地位，我们怀念和他们在一起的点点滴滴。同时，我也意识到，作为子女，父母对我们付出了那么多，我们应该在父母还健在的时候好好地对待他们。

李清泉：

杨绛先生作为老派知识分子，她的文字含蓄节制，但那难以言表的亲情和忧伤却弥漫在字里行间，令读者动容。生命的意义不会因为躯体的生灭而有所改变，那安定于无常世事之上的温暖亲情已经把他们仨永远联结在一起。

兰宇涛：

在我分享的这个节选里，简单地介绍了钱钟书先生在牛津大学读书的一些情况。在第一段中，杨绛先生描写了富翁史博定有意高薪聘请钱钟书先生放弃国家约定的留学奖学金，改行读哲学做他弟弟的助手，而钟书先生却拒绝了他的建议，坚定了自己报效祖国的信念。即使后来他们仍有来往，富翁的弟弟更是常邀请钟书先生去吃茶，但他仍然坚定着自己的信念，不曾改变。

4. 嘉宾发言

副校长周金玉老师：

周金玉老师充分肯定了本次“理工读书·共享会”，表示从承办活动的五年制理科班级的同学们身上，看到了“四个一”育人工程带来的巨大改变。第一个改变：在游戏环节上，“成语接龙”的游戏玩起来就停不下来，两轮都是由主持人喊停的，说明同学们的文化素养着实在提高。第二个改变：五位同学分享了五个不同的篇章，得到了不同的心得体会，说明同学们实实在在地读了进去。第三个改变，上场的五位同学能站在台上，台风稳健，娓娓道来，说明同学们积极践行读书明理，知行合一，在提升个人综合能力方面有了显著成效。

周金玉老师还跟在场师生分享了自己和家人的读书故事。他提到自己的外孙虽然才一岁半，还不明白读书意味着什么，但在家人的熏陶下，每日像童谣里要去上学堂的“小二郎”一般天天背着小书包，还要拉着外公跟他一起读自己小布书上的茄子、辣椒、西红柿，引得现场师生欣然大笑。最后，周金玉老师对在座的学生提出了希望，希望大家以此为契机，利用课余时间坚持读书、多读书、读好书，培养读书习惯，增强读书能力。

5. 思考总结

一本好书可以改变一个人的心态，我想，也许正是因为它的朴实无华，方才显出情感的真挚动人；也正是因为它的真挚动人，才吸引了这么多人的争相传阅！亲情不需要过多华丽的语言修饰，那份温暖的感觉像冬日里的温泉，缓缓流入每位读者的内心深处。

第五十期

1. 共享书籍

《少年中国说》，作者梁启超。

该书极力歌颂少年的朝气蓬勃，指出封建统治下的中国是“老大帝国”，热切希望出现“少年中国”，振奋人民的精神。该书不拘格式，多用比喻，具有强烈的鼓励性，寄托了作者对少年中国的热爱和期望。

述家国之志，动吾之情怀。梁启超以洞明通达之人生体悟为青少年指明修身、习学的正途，培养读书人心忧家国天下的高贵品格。独特而汪洋恣肆的文笔，激扬而与时俱进的思想，展现我少年中国。

2. 精彩瞬间

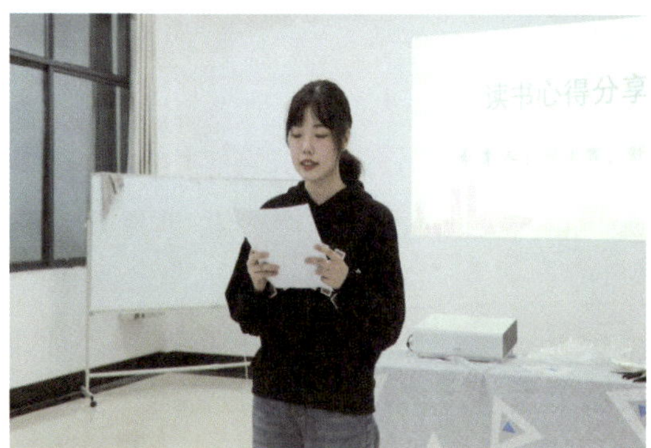

3. 读有所得

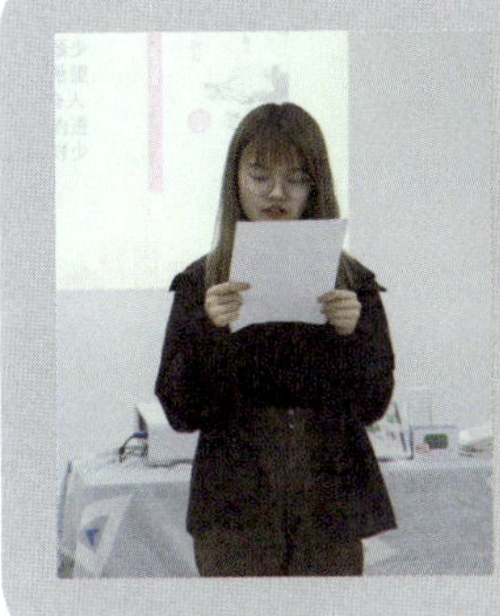

孔慧敏：

“故今日之责任，不在他人而全在我少年”，老一辈对我们少年寄予了无限希望，我们不应该辜负。我觉得这句话不应只在心中回想，而应落实在每个人、每一个少年的行动上。

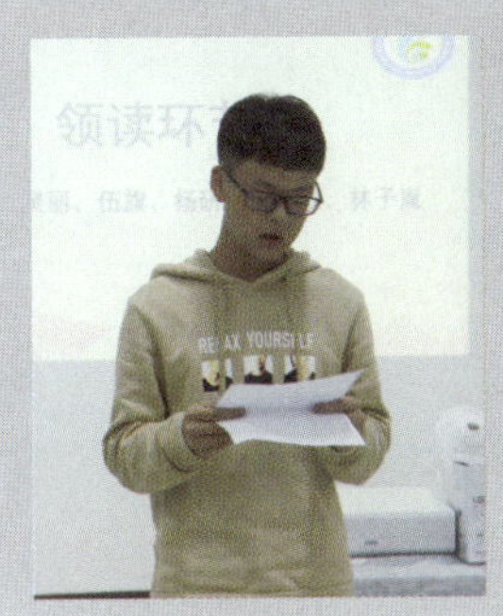

林子胤：

少年要有理想，有知识。作为“少年中国”的少年，我们应该为它的辉煌史册添上灿烂的一页！立志把祖国建设得更加繁荣昌盛，这是每个少年义不容辞的责任。

伍旗：

今天的责任，不在别人身上，全在我们少年身上。少年要有先进的思想、丰富的知识、强悍的实力，中国方能屹立东方，成大国强国，这便是少年强国梦。

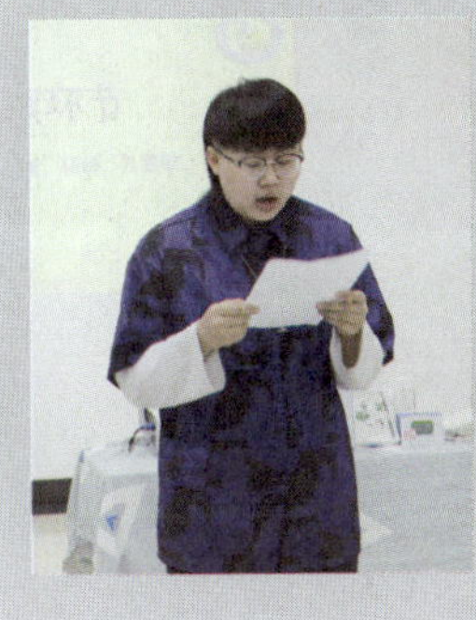

陆灵丽：

有中国少年，所以有少年中国。梁启超《少年中国说》中的少年中国，看似离我们很远，其实离我们很近。一个开拓进取、勇于创新的国家即为少年，少年中国需要的便是这样一种精神，这种精神在每一个“新来而与世界为缘”的少年人心中。

4. 嘉宾发言

郭亚靖老师：

此次活动开展得很成功，活动环节很流畅，尤其让我印象深刻的是最开始的领读环节，七位优秀的领读人都展现出了自己的风采。我觉得自己很幸运能成为大家的老师，可以陪伴大家一起走过三年。借着今天这个主题，希望在座的少年们也能明确自己的人生规划和理想，有了这个理想之后，脚踏实地，一步一步地去完成、活出自己的人生姿态。最后希望你们以青春之我、奋斗之我，谱写青春之歌。

周娜老师：

《少年中国说》这本书让你们感受到了中国当时所受到的压迫，所以，相比梁启超时代的青年，你们更应该发奋图强。我很高兴也很欢迎大家能来图书馆举办这次的共读活动，图书馆也一直致力于能给大家提供一个好的平台，让你们来读书时有书读，想读书时有好方法去读，在读书时更有志同道合之人一起读。

5. 思考总结

本次共享会就到此结束了，但是对于书籍的热爱和对梦想的追求永远不会结束。在此，我们诚心地期待下一次的相聚。

◀ 第六十期 ▶

1. 共享书籍

《愿你的青春不负梦想》属于《理工书单》修身篇乐观类书目，作者俞敏洪。

该书作者以真诚的态度、坦荡的胸怀、幽默的语言，娓娓讲述了自己的青春、梦想、成长、奋斗、事业、生活方面的经历和感受，分享了自己从出生到成长，从成长到考上北大，从北大离职后创业，经历种种挫折与磨难的人生奋斗历程。他以非凡的气魄、坚忍不拔的毅力、大无畏的精神，渡过了一道道难关，一步步走到了今天，希望以此激励读者勇敢地追逐自己的梦想。

2. 精彩瞬间

3. 读有所得

范泽湘：

什么叫青春？青春是一干二净的，青春是美好的，青春就是对自己爱好的坚持，青春就是同学之间那没有隔阂的友谊，青春就是迫不及待想要长大的渴望。趁青春，我们应该努力奋斗、蓬勃向上，不负梦想、不负青春。

尹胜斌：

做任何事都要相信自己，不能轻易放弃。为什么这么说呢？因为如果做一件事半途而废，那么就不应该开始，既然开始了就要负责，就要坚持到底。如果做到一半，遇到一点困难就放弃了那你什么时候才能成功并实现自己的梦想？要是只差一点点就成功了，你却放弃了，那就与成功擦肩而过了，这难道不是一件非常遗憾的事吗？说到底，为了实现梦想，就不能让青春留有遗憾；不让青春留有遗憾；就不能轻易放弃，半途而废。

袁雨：

失败并不可怕，关键在于有没有像俞敏洪一般“愈败愈战，越挫越勇”的精神。成与败之间，要不顾一切地付出，梅花香自苦寒来。我们都应该有自己的梦想，并为之坚持不懈，最后，定能有人爱、有事做、有所期待！

曾嵩：

一个人是否能成功与他所读的学校没有必然联系，而与他内心的冲动、渴望有关系。一个人可以过贫困、孤独的生活，但不能过内心没有火焰、没有渴望和向往的生活。一个人就像一株植物，如果内心没有渴望长大的种子，他就永远长不大。如果你内心只有草的种子，你就是草；如果你内心有树的种子，你必然会长成树。

4. 嘉宾发言

刘希悦老师：

“理工读书·共享会”是一个很好的活动，很高兴我们能借此活动，交换彼此对于青春、对于梦想的种种感触。正如书籍的名字《愿你的青春不负梦想》所说，青春、梦想是多么的珍贵！现在的你们正值青春，有梦想就去追吧！趁着年轻，趁着青春正茂，不负自己的梦想。

5. 思考总结

一个人必须要有目标，要有对未来的憧憬，在遇到困难挫折的时候，这会成为你努力下去的动力。 起点并不决定高度，我们不应为自己的现状而叹气，而要努力挑战自己的上限，人生无极限。

◀ 第七十一期 ▶

1. 共享书籍

《平凡的世界》属于《理工书单》修身篇俭朴类书目，作者路遥。

该书是一部全景式地表现中国当代城乡社会生活的长篇小说。作者在中国20世纪70年代中期到80年代中期近十年间的广阔背景下，通过复杂的矛盾纠葛，以孙少安和孙少平两兄弟为中心，刻画了当时社会各阶层众多普通人的形象。劳动与爱情、挫折与追求、痛苦与欢乐、日常生活与巨大的社会冲突纷繁地交织在一起，深刻地展示了普通人在大时代历史进程中所走过的艰难曲折的道路，读来令人荡气回肠，不忍释卷。

2. 精彩瞬间

3. 读有所得

钟日萍：

贫穷、苦难或许就是孙少平全家的标签，少平的出场甚至有点“惊艳”，他有着长期营养不良的病容，穿着打了补丁的衣服，吃着最次等的饭食。我甚至有点感同身受地理解他的自尊，也是在看到这些描述起，我开始期待他的命运，期待这可怜的自尊所坚持的意志在未来道路上与“命运”的反抗和斗争。

詹承午：

劳动者是幸福的，无论在哪个时代，《平凡的世界》用白纸黑字告诉我们这样的人生真谛。它响亮地提出：人，无论在什么位置，无论多么贫寒，只要一颗火热的心在，只要热爱生活，上帝对他就是平等的。只有不把不幸当作负担，才能去做生活的主人。这是一个平凡的世界，这里是一个平凡的环境，这里却是一群不平凡的人自强不息的奋斗史。

潘思发：

平凡是生活的本色，我们每一个人对于这个浩渺的世界来说，都十分渺小、脆弱、微不足道。书中为我们描述的是一个平凡的世界，一个黄土地上的世界，这里生活着一群世世代代面朝黄土背朝天的普通人，他们演绎着一幕幕贫穷与富裕、苦难与拼搏、世事变更的戏剧。

李德君：

人的生命力正是在这样的煎熬中强大起来的。想想看，当沙漠和荒原用它严酷的自然条件淘汰了大部分植物的时候，少女般秀丽的红柳和勇士般强壮的牛蒡却顽强地生长起来，因此满怀激情的诗人们才不断高歌低吟赞美它们！

4. 嘉宾发言

周远归老师：

在本次活动中班委做了大量细致的工作，重点非常明确，活动环节的设置也很不错，让同学们真正地了解了这本书。领读的同学准备得也很充分。希望各位同学继续加油努力，把读书的好习惯坚持下去，每天都读一段对自己有益的内容，给自己充充电，一起成长，共同进步。

5. 思考总结

用青春定义我们今天的时光，用幸福计算我们灿烂的明天，用汗水证明我们未完成的梦，用成功设置我们各自的理想，愿同学们向着光亮那方，勇敢生活，勇敢追逐。

◀ 第七十九期 ▶

1. 共享书籍

《假如给我三天光明》属于《理工书单》修身篇乐观类书目，作者海伦·凯勒。

该书的前半部分主要写了海伦·凯勒变成盲聋人后的生活，后半部分则介绍了海伦·凯勒的求学生涯，同时也介绍了她体会丰富多彩的生活以及慈善活动等。她以一个身残志坚的柔弱女子的视角，告诫身体健全的人们应珍惜生命，珍惜一切。

她是世界上少有的女性坚强人物，是本世纪最富感召力的作家之一，她的事迹成为后世的典范，是我们学习的榜样。

2. 精彩瞬间

3. 读有所得

唐紫云：

从黑暗走向光明会让人对这个世界充满好奇与欣喜，从光明走向黑暗会让人瞬间对世界充满绝望与不安。海伦·凯勒的故事告诉我们，真正的成功不是用嘴巴说出来的，要想得到它，就必须奋勇前进，不管山高路远，无论海浪滔天。人生的道路上没有捷径可循，跌倒后再爬起来，抖落满身泥水，继续向前。

黎晓东：

这本书最能给我内心以强烈冲击力的是海伦·凯勒对待生活和人生乐观的态度和自强不息的精神。在适应黑暗和无声的过程中，她表现出了无比坚强乐观的精神，正如书中所说“我深深地铭记着，这些无法磨灭的美好，点亮了紧随其后的黑暗寂静”。她相信依靠知识可以拯救自我，相信知识即爱，知识即光明，知识即远见。看完《假如给我三天光明》，我掩卷沉思。当我们在慵懒的日子里蹉跎岁月时，错失了很多生命中的精彩瞬间。在这个世界上，内心荒芜的人才是真正有目不明、有耳不聪、有嘴不言，有头脑和心胸却疏于思想和表达倾诉的“残疾”人！

周婉仪：

海伦·凯勒那不平静的人生及她与命运抗争的精神鼓舞了我，给了我奋斗的力量。作为正常人的我们很难想象一个双目失明、失聪、失语的人可以用心去感知天地万物，海伦·凯勒用心灵倾听着世界上最美的声音，看见了世界上最美的风景。我们要从今天起抓紧每分秒，不要虚度光阴，要像海伦·凯勒那样不埋怨、不放弃，好好珍惜自己所拥有的，奋发学习，以微笑面对厄运，以顽强的毅力克服困难，以杰出的成就显示生命的价值！

黄大玲：

我觉得海伦·凯勒的人生十分有价值，是不平凡的一生。海伦·凯勒虽然是个残疾人，但是她却比一般人要努力得多，她的进步是我们意想不到的。我们如果没有做到她那么努力的话，应该感到羞愧。海伦·凯勒让人们不要悲哀和忧郁，要直面现实，直面人生。她善良，不回避世间的阴暗；她客观、冷静，具有坚韧不拔的品质和抗争的勇气。我想，她的精神将永远留在世人心目中。

段旭：

读完这本书，我发现很多人都将生命视作理所当然的，不珍惜自己的时光。虽然我们知道自己将在某一天死去，但我们总把这一天想象得非常遥远。人身轻体健的时候，是不会想到死亡的，它就像一件不可思议的事，日子长得好像一眼望不到头。很多人忙于琐碎的事情，开始对生活倦怠。但其实，平凡是最大的幸福，希望大家能善待身边的一切，用心感受我们拥有的一切，努力生活和学习，让生活变得有意义起来。

4. 嘉宾发言

陈扬芳老师：

第一，同学们纷纷谈论了自己对本书的心得感悟，准备得很充分，现场交流活跃，让我沉醉其中，同时也在思考自己的人生，总之本次共享会举办得非常成功。第二，《假如给我三天光明》中的海伦·凯勒在19个月大的时候就双目失明，莎莉文老师的悉心教导和陪伴，让海伦·凯勒逐渐认识到新的世界，学会了和他人之间的交流，并不断克服困难，最终获得了现在的文学成就。第三，希望同学们能继续多读书，读好书，多参与读书活动，汲取书中之精华，体会读书活动的乐趣，提升自己的品行修养。

5. 思考总结

逆境，于我们自身而言，其实并不可怕，难的是一颗战胜困难的决心。我们要坚信阳光总在风雨后，相信自己会有看到彩虹出现的那一天。希望每位同学处于逆境中时，能够直面并正确对待，积极向上，攻坚克难。

第一百零七期

1. 共享书籍

《解忧杂货店》属于《理工书单》做人篇合作类书目，作者东野圭吾。

该书讲述了在僻静街道旁的一家杂货店，只要写下烦恼投进店门卷帘门旁的投信口，第二天就会在店后的牛奶箱里得到回答。因男友身患绝症，年轻女孩月兔在爱情与梦想间徘徊；松冈克郎为了音乐梦想离家漂泊，却在现实中寸步难行；少年浩介面临家庭巨变，挣扎在亲情与未来的迷茫中，他们将困惑写成信投进杂货店，随即神奇的事情竟不断发生。

2. 精彩瞬间

3. 读有所得

高婉婷：

刚开始我认为小说打动我的会是作者排篇布局的功力和细腻温柔的文风，读完才发现，原来真正触动我内心的，是人心中最本质的东西，是那些听起来似乎老掉牙的字眼：善良、关爱与宽容。真庆幸这世界上还有善良，有个善良的老爷爷愿意耐心地倾听他人的烦恼，帮助他们出谋划策；真庆幸这世界上还有关爱，即使是抢劫犯，也会在收到他人的求助信时无法置之不理，一个字一个字地认真回复；真庆幸这世界上还有宽容，面对三十封恶作剧信，浪矢老爷爷没有指责，而是认真地写了一封封回信。我们为什么需要善良、关爱和宽容呢？浪矢老爷爷收到过一封匿名的信，笔迹和那三十封恶作剧信如出一辙，上面只写了一句话："对不起，多谢你"，我想这就是最好的答案了吧。

赵巧、邓美英：

是不是你也有过梦想？然后也给自己找到了不错的借口，最后名正言顺地放弃自己？不管是父母还是未来的伴侣，他们真的希望你一直追寻你自己的梦想，因为这样的你才是你自己，才是他们喜欢的你。所以大胆地去放飞、追逐你的梦想吧！

徐嵘：

大家听说过无脚鸟吗？无脚鸟它只能一直飞，飞累了就在风中睡觉，它一辈子只能落一次地，那就是它死的时候。它总是孑然一身的感觉，就像在追求梦想的时候，我们总要学会自己一个人，总要面对孤独，但我们心中始终要有所追求，有所期待，有所热爱。最后我想和同学们分享一段我很喜欢的英文：Before the morning comes,you are sure to go through darkness. Life will not make those people disappointed who are working hard, so you should keep going. Today is not easy,tomorrow is more difficult,but the day after tomorrow will be wonderful!

周仁志：

我们的人生已经开始了十几年，那张白纸上已经添上了寥寥数笔。我们也许现在还在迷茫，觉得自己前途未卜，觉得自己的前路都是迷雾，但正因为我们的人生才刚刚开始十几年，还有几十年等着我们去体验、去生活，正是因为白纸上只添上了寥寥数笔，所以还有大片的空白等着我们去书写。你想体验的、想书写的都由你自己来决定，正是那前方的迷雾，让我们的未来始终保持着一股神秘感，待到揭开迷雾时才会有那种拨云见日、天将大白的独有感触。

4. 嘉宾发言

曹秀老师：

这次“理工读书·共享会”是一场思想盛典，同学们现在正处于最好的青春韶华，不要辜负自己的青春，用我们的青春去读好书、好读书，因为书中有我们的梦想和力量。同时希望同学们能够去畅游自己的书海，心无旁骛地去学习，在自己最好的时间里多去图书馆，在这里寻找精神食粮。学校“四个一”的工作是从同学们的自身成长出发的，大家一定要好好认识“四个一”重要性，认真践行。

管理艺术学院副书记欧又瑞老师：

和同学们分享三个方面，一是生活不易，但生活向往美好。每个人都要有自己的向往，保持生活的美好和向往就是我们生活的原动力，把这份原动力保持一份童真和热情就是我们的精神食粮。二是规划人生。如果人生无规划，很多事情就不会实现。条条大路通罗马，但是通往罗马的路上有很多荆棘，我们的目标就是要如何去规划。规划是全方位的，它可以包括事业、爱情和婚姻。三是孤单但不孤独，因为我们一直在一起。我们都能在理工职院找到灵魂深处的伴侣，这个伴侣可能是异性也可能是同性，能够一起追求学业和事业。最后，“今天你在理工学习，明天理工为你骄傲”，希望同学们在剩下的一年多的宝贵时间里坚持读书，这是真正能够给同学们的财富，它能帮助同学们实现美好的梦想。

图书馆馆长杨明球老师：

此次“理工读书·共享会”举办得很成功，班级组织充分，活动环节井井有条，领读人从不同的角度进行了创新，既有悟与思、电影片段分享、英汉双语分享，也将书本故事联系实际，不仅突出了自我的感想和领悟，同时与《理工书单》的三大方面、九大道理紧密结合。最后希望同学们都能好好利用读书共享会这个平台感受读书的快乐和力量，多读书，读好书，充实自己的内心，在遇到困难和荆棘时能用上在书本里学到的态度去积极、乐观地面对。

5. 思考总结

正如书评所说，“有时相害，有时互助，人们总是在不经意的时候与他人的人生紧密相连。”不论你在人生的岔路口怎样选择，心之所向便是阳光大道。“正因为是一张白纸，才可以随心所欲地描绘地图，一切全在你自己，一切都是自由的，你面前是无限的可能。”

第一百一十三期

1. 共享书籍

《向着光亮那方》属于《理工书单》修身篇乐观类书目，作者刘同。

书中没有皆大欢喜的药方，只有隐约可见的启示。这里有 17 个故事，也是 17 个人生中不可躲避的关键词。每个人都会经历青春的迷茫，与孤独握手言欢，从负隅抵抗到冷静旁观，拨开遮蔽的迷雾，发现每朵乌云都镶着金边。告别、妥协、原则、裂痕……是青春的敌人，也是成长的代价。我们的青春都一样，孤独、迷茫、有光亮。

2. 精彩瞬间

3. 读有所得

罗灵芝：

本书第三章里的每一篇我都很喜欢，非常暖心。书中描绘的人物温暖、幽默，他们拥有我钦佩的友谊，更让我有一种想和他们认识的冲动。书中对友谊的阐述更是击中我的心坎——好朋友不是通过努力争取来的，而是在各自的道路上奔跑时遇见的，一起达成一个目标，分享不同的价值观，关键的时候能彼此给予安慰、鼓励和帮助。

廖翾晔：

这本书最值得深思的是“努力”二字。其实，努力并不可怕，可怕的是你明明知道自己需要努力了，却不敢做出任何改变，还是在硬着头皮过着了无趣味的生活。如果你找对了方向，明确了目标，就勇敢地迈出改变的脚步吧，你会发现美好、光亮的未来就在不远处。

邹佳伶：

这本书的题眼就在于“光亮”。当我们想努力完成一件事情的时候，信念的力量总会比能力更大。无论遇到了多大的困难，都不应该消沉抱怨，应该承认自己的不足，去努力寻找“光亮”。生活中，我们会遇到种种挫折和困难，会困惑、无助、委屈，但一定要坚持下去，不能被生活打败。

黄帅：

我们应该珍惜眼前的朋友，维护好友情，因为双向奔赴的友情弥足珍贵。每个出现在你世界的人都不是偶然，他一定会教会你一些东西。人生长路漫漫，和朋友一起共患难，互作陪伴，又怎会怕困难来进犯。对黑暗说无所谓，光亮陪我齐面对。时间不会再复返，机会不会再重来。

邓家俊：

在班级这个大家庭里，每个人给我的印象和感觉都很美好，都是独一无二的。相聚是一种缘分，希望我们能珍惜彼此，互相帮助，成为相亲相爱的一家人，成为我校最棒的创新班！

4. 嘉宾发言

陈扬芳老师：

我提出三点寄语：一是希望同学们心中都有一盏明灯，有积极、向上的生活态度，做一个乐观、上进的人，无论遇到什么困难、挫折，都要有信心去克服它，勇往直前，开心、微笑地面对一切；二是同学们要多读书，读好书，读以修身、读以做人、读以处事，望大家读有所得、读有所感、读有所悟；三是希望同学们多参加各项主题活动，在不同的舞台上展现自己、锻炼自己。最后愿大家不负青春、不负韶华。

5. 思考总结

我们的青春都一样，孤独、迷茫、有光亮。只要你不害怕去接纳这些青春中的敌人，假以时日，它们全是照亮人生的盏盏明灯。愿你在自己存在的地方，成为一束光，照亮世界的一角。

◀ 第一百三十六期 ▶

1. 共享书籍

《云边有个小卖部》，作者张嘉佳。

该书讲述了刘十三从小与外婆王莺莺相依为命，为了离开小镇努力学习，去大城市追寻梦想和远方，结果在城市被撞得遍体鳞伤。回到小镇后，刘十三与儿时玩伴程霜重逢。一个孤儿、一场婚礼、一个意外，以及一个不可能完成的任务，打破了刘十三和小镇居民的平静生活。刘十三拼尽全力生活，却没发现生命中最重要的人正慢慢离自己而去。

2. 精彩瞬间

3. 读有所得

李钒：

我们和刘十三一样，都是普通的平凡人。我们执着于自己的梦想，渴望奔向远方，但却总是容易忽视逐渐老去的家人，正所谓“树欲静而风不止，子欲养而亲不待”。我们关注自己经受的痛苦，而忽略了他人忍受的痛苦，我们也会经历悲伤和希望，但希望大家都能找到自己路上的一缕光。

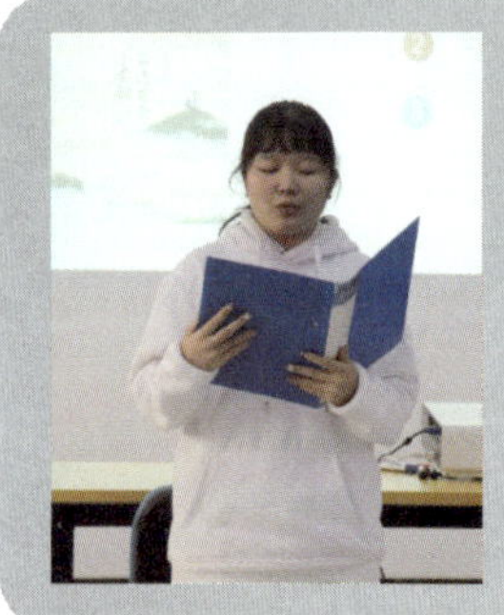

邓诗怡：

张嘉佳用一个故事书写了真实存在的成长与改变，书写了真正能够打动人心的感情。也许我们只是芸芸众生里平凡而又普通的存在，但生活在我们身边的亲人都在默默地爱着我们，这份爱一直伴随我们成长。

蒋万豪：

刘十三的故事中没有万众瞩目的存在，也没有万人敬仰的成就。平凡的他用生活中的细碎和美好温暖着我。人生就像一辆行驶的长途汽车，每一站都会有人陆续离开，也许遇见的意义是学会笑着说再见吧。越长大真的越孤单，但希望我们心中依旧有山海。

李帅宇：

在《云边有个小卖部》中，张嘉佳带我们去到那个遥远、美好的小镇。我们见证了小镇青年刘十三的成长，并在纷繁复杂背后找到生命中最深的感动。当我们追求某样东西的时候，就必须放弃其他某样东西，这就是成长。成长的路上，你注定会失去一些，但你会在失去时得到弥足珍贵的感受。

4. 嘉宾发言

刘希悦老师：

相较于爱情来说，亲情是我们最容易忽视的，同时又是最震撼人心的一种情感。人的一生是一个不断告别的过程，我们能做的就是珍惜现在，珍惜身边爱我们的人，不要等到失去了再后悔。希望同学们能珍惜三年大学时光，珍惜同窗之情，珍惜师友之恩，只争朝夕，不负韶华，在阅读中成长。

5. 思考总结

希望同学们三年后站在毕业典礼上时，回首过往，能够对自己的进步与荣耀感到自豪。希望同学们从今天开始，利用好每分每秒，去实现你想要实现的，成为你喜欢的人。

第一百四十期

1. 共享书籍

《活着》，作者余华。

该书讲述了农村人福贵悲惨的人生遭遇。福贵本是个阔少爷，可他嗜赌如命，终于赌光了家业，一贫如洗。他的父亲被他活活气死，母亲则在穷困中患了重病。福贵前去求药，却在途中被国民党抓去当壮丁。经过几番波折回到家里，才知道母亲早已去世，妻子家珍含辛茹苦地养大两个儿女。此后，更加悲惨的命运一次又一次降临到福贵身上，他的儿女、妻子和孙子相继死去，最后只剩福贵和一头老牛相依为命，但老人依旧活着，仿佛比往日更加洒脱与坚强。

2. 精彩瞬间

3. 读有所得

吴艳：

活着的意义是什么，“世上只有一种英雄主义，就是在认清生活的真相之后依然热爱生活”。福贵的一生是疼痛、清醒、释然的。人所经历的一切都是有意义的，每一次经历都会让人成长。

方源：

就像作者所说，人是为了活着本身而活着的，而不是为了活着之外的事情而活着。活着的力量不来自喊叫，也不来自进攻，而是忍受，去忍受生命赋予我们的责任，去忍受现实给予我们的苦难、无聊和平庸。

宋玉玲：

一个人真正了解自己时，就会发现自己真实的世界观，就可以更好地面对眼中的世界。当你了解自己的缺点时，可以更好地找到生活上的不足。

贺甜梅：

书中福贵的形象是普通人的写照，他从一位少爷变成历经百态的老人，经历了亲人的各种离世后才感悟：人不只是为了活着而活着。他最终看淡一切，与牛相伴一生。我们要明白一个道理：一切事物不要在拥有的时候不去珍惜，失去后才明白存在的意义。

唐贝羽：

人生的意义是没有止境的，活着一天就会有一天的意义。我们要不断地追求，如果我们奋斗了、努力了，即使没有成功，起码会无怨无悔，这也许就是人生的意义。有的人活着是为了生活，有的人活着是为了自己的理想，有的人为了别人而活着。总之，每个人都有不同的看法。

4. 嘉宾发言

文茗老师：

人生起起落落，不可避免地会遇到挫折与荆棘，挺起脊梁大胆向前走，自然会发现活着的意义！活着并不是为了享受，而是对自己未来的一种责任与担当！我希望大家以后都能向着自己长远的目标奋力前行，不忘初心！

5. 思考总结

生长于和平年代，生活于城市中的我们很难设身处地地体会福贵的感受，但有一点是不变的，就是要坚强地活着。

第一百四十九期

1. 共享书籍

《又见花儿》，作者曹文轩。

该书讲述的是中国男孩小皮卡从懵懂的幼儿时期跌跌撞撞地进入丰富多彩的童年生活，开始他人生最初的社会接触与人际交往。小皮卡和所有孩子一样，善良、单纯、天真，却又有他的执拗和坚持，他打量着性格与命运各异的各色人物，经历着对他来讲稀奇古怪的各种事件，在这个过程中建立起对这个世界和社会的认识和了解，感受着光明与黑暗、温暖与苍凉，在五味杂陈的成长滋味中慢慢长大。

2. 精彩瞬间

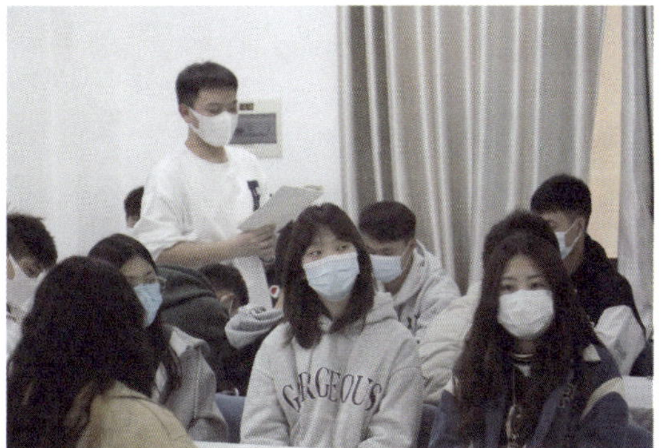

3. 读有所得

何凯：

在阅读这本书时，我感受到了皮卡有我们小时候的善良、单纯、天真。皮卡的故事充满了童趣，为我们展现出一幅美好的童年时光。童年是一个人生命中最快活的一个时段，这本书把我带进了童年，让我重新回味了一段成长的岁月。童年的记忆永远是深刻而美好的，但是童年终将逝去，我们也会慢慢成长，慢慢走向成熟。

王雨莎：

在阅读《又见花儿》这本书的过程中，我被孩子们的纯真深深地治愈了，从花儿的坚强、皮卡的勇敢中看到了幼年时赤忱的我们。现在的我们应该熟悉自我，找到自己的思维路径，做自己情绪的主人，找回曾经赤忱的自己，找到那些可贵的习惯和品质并坚持下来。

林婷婷：

在读完《又见花儿》后，我发现它能让你回想起以前美好的童年，也发现自己干过和皮卡一样的事，会有和皮卡一样的烦恼。皮卡是我们每个人的缩影。在儿童时代，相信每个人都是轻松、无忧无虑的，那时的我们也许根本不知道什么叫烦恼。但随着年龄的增长，学习负担越来越重，各种琐事越来越多，成长的困惑也随之而来，小时候的快乐离我们越来越远。每个人都会经历这样的阶段，在快乐后，会对这个世界感到迷惘，但我们总是会在懵懂中慢慢成长起来。

赵业涵：

孩子们都有天真烂漫的童年，童年虽有烦恼，却也是甜蜜的烦恼，一朵花儿似的烦恼。但我们终究要长大，要在烦恼中成长。希望我们长大后也能保持一颗童心，对这个世界充满善意和好奇。

4. 嘉宾发言

李泽君老师：

此次共享会的主题与成长息息相关。“成长”是个很庞大的话题，我们以前、现在、未来都在成长。希望同学们把大学三年作为进步的起点和踏板，而不是终点。在成长的路上，哪怕经历再苦再大的磨难，也是为了塑造更好的自己。

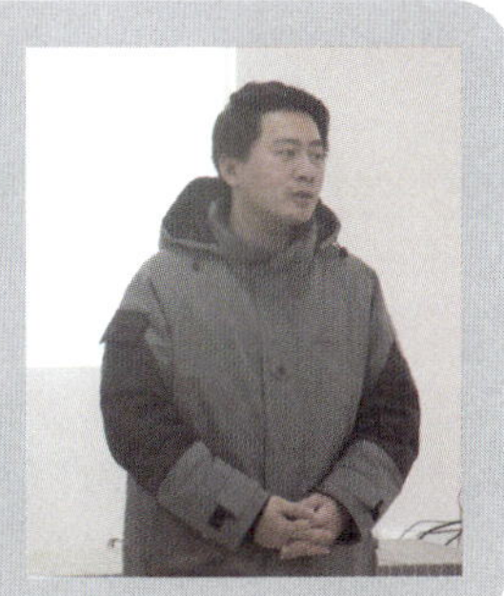

郭亚靖老师：

今天分享的书籍与成长有关。我有几点感悟与同学们共勉：首先希望大家永远保持善良和对这个世界的热爱；第二，希望同学们永远保持上进的姿态，如果不想被环境改变，那就去改变环境，今后在面对困难、挫折时永不放弃；最后，希望同学们不负青春、不负彼此。

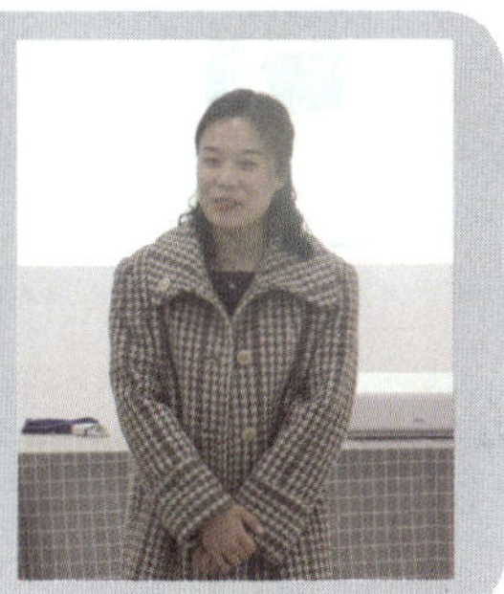

5. 思考总结

成长的故事很多很多，有欢乐也有悲哀；成长的岁月很长很长，需要我们一点一滴去感悟。岁月不会回头，希望同学们能抓住今天的每一秒，努力成为更好的自己。

第一百五十七期

1. 共享书籍

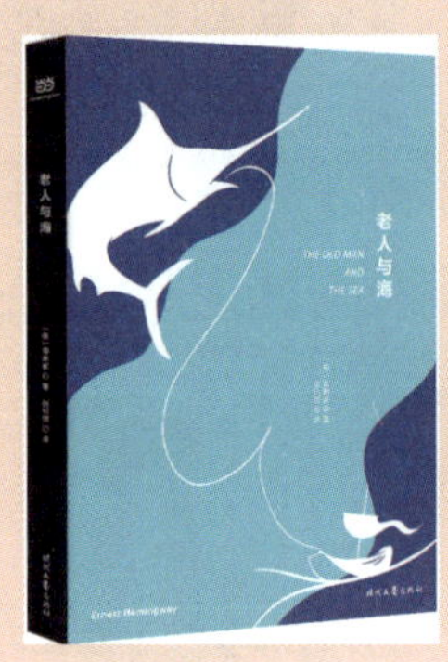

《老人与海》属于《理工书单》修身篇乐观类书目，作者海明威。

该书围绕一位老年古巴渔夫展开，讲述他与一条巨大的马林鱼在离岸很远的湾流中搏斗的历程。虽然人们对这本书有不同的文学评价，但它在20世纪小说和海明威的作品中是值得注目的，奠定了海明威在世界文学中的突出地位。1953年5月4日，海明威的《老人与海》获得普利策奖。

2. 精彩瞬间

3. 读有所得

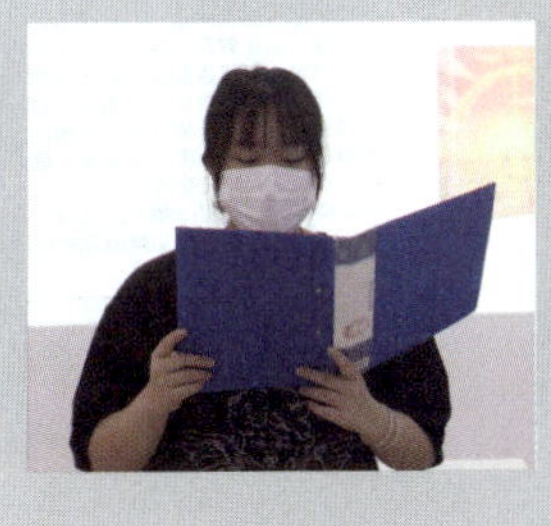

唐水：

人生没有一条路是白走的，每个转弯都有它的意义，即使在最污秽的泥沼中，也必须倔强地抬头。只有在黑暗、崎岖的甬道里摸索爬行，才有机会看到，抽枝发芽的梦想原来就在甬道的另一端等着你。

高诗宇：

生活不可能满是阳光。如果没有经历过痛苦，也就难以知晓快乐的价值；如果没有经历过孤独，也就不会懂得朋友的珍贵；如果没有经历过失去，也就不知道自己拥有的比失去的更多。

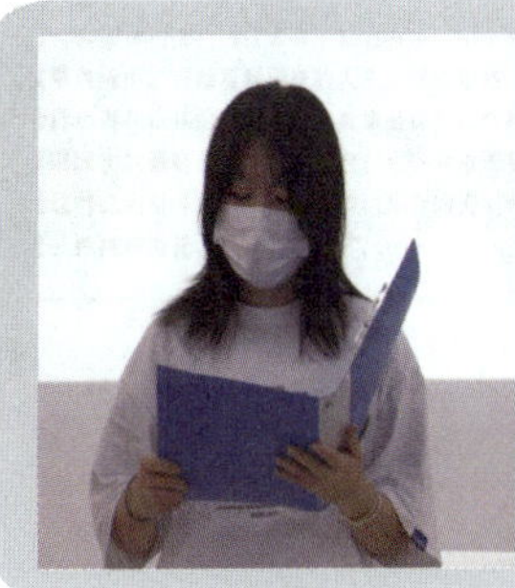

李思琼：

人们为什么喜欢励志故事？是因为从这些故事中，我们可以看到别样的人生，寻找奋斗的理由，这些成功的故事让我们更加坚定信念，相信只要努力总会有成功的一天。

鹿璐：

我很喜欢书中的这一句话："凡事到最后必将圆满。如果还未圆满，那就是还没到最后。"成功是从失败中得来的，经历失败并不可怕，只要坚持下去，就会有一个圆满的结局。

4. 嘉宾发言

姜维老师：

希望同学们好好规划一下三年大学生活，给自己设定一个目标，哪怕在低谷时也要坚持去完成。梦想是需要汗水和坚持的，要相信只要付出就一定会有收获！

5. 思考总结

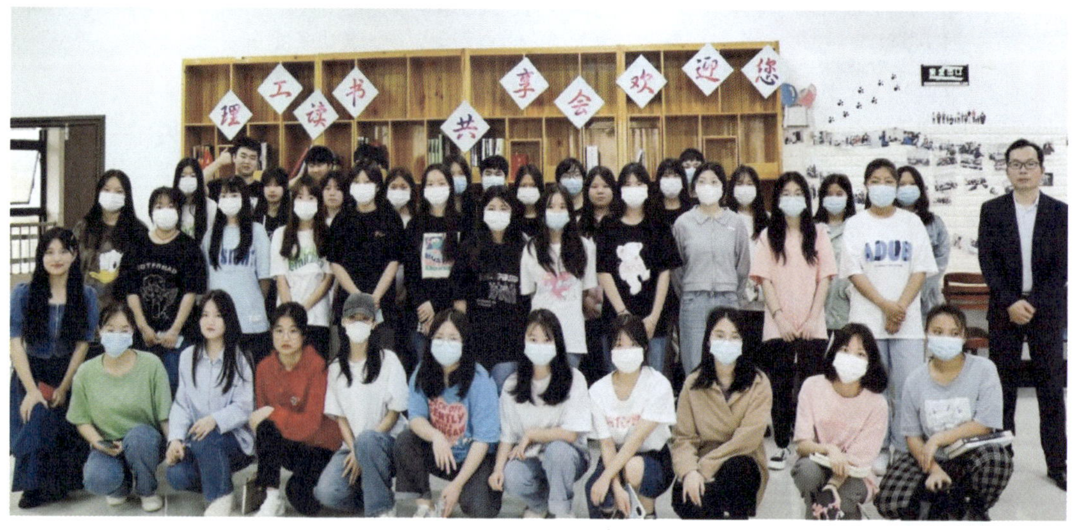

昨天的经历有甘甜也有苦涩，有成功的辉煌，也有失败的辛酸；有温馨的慰藉，也有冰冷的失意。人生路上的风景各不相同，这段惠风和畅，那段雨骤风狂。人生之旅本就是风雨兼程，失去的不是永远失去，得到的不是永远拥有，一切都在发展变化，不断地向昨天告别，满怀信心地投入到每一个崭新的今天中。

◀ 第一百六十六期 ▶

1. 共享书籍

《人间至味》，作者汪曾祺。

书中记录了作者念念不忘的家乡味道，以及在江湖偶遇的人间美味。该书将文字化作原料，以散文为碗钵，佐以故事人情之盐，把关于食物的独家记忆“蒸炒煎炸”而成此书。从千里之外的江湖至味到灵魂深处的家乡味道，从四面八方觅食的扫街嘴到饮食变迁的沧海桑田，从食客厨子店小二谈到饭菜与共那一人，拂袖笑破饭桌上的假面具，平民食物也看得人口水四溅之时，归根结底直抵人心：“吃什么、在哪里吃”这些问题远不如“和谁吃”来得重要，人间至味往往酝酿于人与人之间。

2. 精彩瞬间

3. 读有所得

栗增果：

在汪老眼里，花木虫草，蔬菜汤羹，一切美食美物都透着淡然和温暖，让我们感叹原来生活如此美好。对于食物，汪老重视其本味，字里行间都表达着豁达的人生观，不庸俗，也不世故。

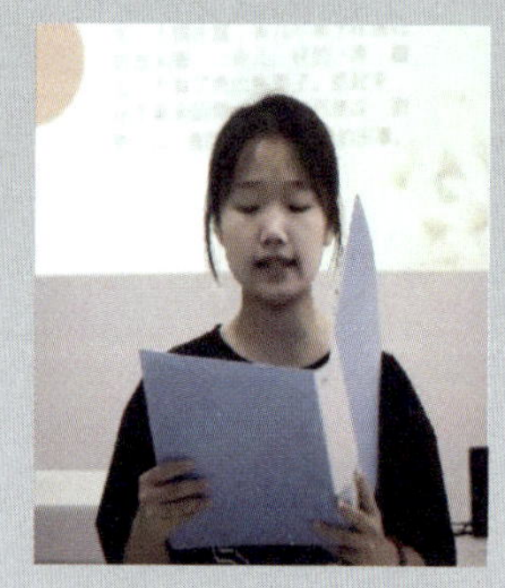

刘芊：

汪曾祺老先生的高明之处在于不单就吃论吃，而是从人间百味中传递出他对生活的态度和对文学的观点。三年困难时期，想来非常难熬，但老先生的记忆都是对挖野菜、捉昆虫充饥的知足、感恩与乐趣。“四方食事，明心见性”，果不其然，从老先生对食物的态度就可观其人生态度。

龙莹琬：

中国人对食物的感情多半是思乡，是怀旧，是留恋童年的味道。人大多是喜欢怀旧的，就像我从来不肯忘记十年前那软糯好吃的饵块，从触及牙齿开始，直到滑进我的胃，那停留在我口腔里短短的数十秒带给我的身心愉悦，是我这种贪嘴的孩子永远不会褪色的回忆。

卿涤：

人生何其美好，一草一木、一虫一鸟都为我们勾勒出盎然有趣的人间。生活不是满地鸡毛，也不是追索不到的阳春白雪，而是一场且走且歌的旅行，左手携着烟火，右手覆着年华。因为爱生活，所以更会生活，因为心底有烟的暖，有火的温，所以一路前行，有方向，有底气，毫不畏惧。虽有时经历风雨，心底依旧期盼彩虹的淡然与宁静。

4. 嘉宾发言

周娜老师：

汪曾祺老先生的语言魅力非常大，他的每一行文字都那么有画面感，仿佛与我们共享每一道美食，与我们倾诉每一丝情感。希望同学们在未来的时间里，好好享受生活、享受阅读，领略生活和阅读的魅力。

5. 思考总结

其实，食物本身没那么重要，“吃什么、在哪里吃”这些问题远不如“和谁吃”来得重要，人间至味往往酝酿于人与人之间。

第一百七十四期

1. 共享书籍

《相约星期二》，作者米奇•阿尔博姆。

该书真实地讲述了作者的恩师莫里•施瓦茨教授在辞世前的14个星期里每个星期二给米奇讲授的最后一门人生哲理课。年逾七旬的社会心理学教授莫里在1994年罹患肌萎缩侧索硬化(ALS)，已时日无多。作为莫里早年的得意门生，米奇每周二都上门与教授相伴，聆听老人的教诲，并在他死后将莫里教授的醒世箴言缀珠成链，冠名《相约星期二》。死亡既作为该作品的主题，又作为小说的线索，传递了作者对人生更深入、更透彻的思考，使《相约星期二》散发出浓郁的哲学意蕴。

2. 精彩瞬间

3. 读有所得

张静：

我们所拥有的每一个平凡的日子，对莫里来说都是奢望。如果每个人都能像莫里老人一样，把对生活的热爱转化为健健康康活着，那人生会多么精彩！

丁家倩：

如果明天即将面对死亡，你要如何度过今天？也许你会说，我一定要找寻生命的意义，一定要做自己心甘情愿的事情，爱身边的每一个人，让自己的这一生无悔。可惜这只是假设，也许只有把每一天都当作最后一天来对待，才能投入全部的爱和赤诚。

熊鑫：

大部分老人离世前，子女们要么尽全力给老人多留点时间，要么一味地为老人即将离去而痛哭流涕，没去聆听这些比遗嘱更重要的东西，幸亏有莫里·施瓦茨，幸亏有米奇·阿尔博姆，他们为我们展现了一个临终老人对人生的思索。

4. 嘉宾发言

图书馆馆长文其知老师：

横看成岭侧成峰，远近高低各不同。每位同学的经历都不同，视角不同，感受也不同，但表现都很优秀，发言都很精彩。“理工读书·共享会”是我校多年以来一直坚持的一项特色读书活动，是一个非常好的读书交流平台。通过读书分享，同学们可以活跃阅读思维，改进阅读方法，提高阅读效果，我们要继续传承并发扬。希望同学们利用好这个读书平台，利用好丰富的馆藏资源，不断增长知识才干，助力自己成长成才。他即兴赋诗一首勉励同学们：胸藏文墨怀若谷，腹有诗书华气出，莫羡金屋颜如玉，遂志就当勤读书。

5. 思考总结

读书是一种快乐，也是一种享受。站在巨人的肩上，我们可以看得更远，以书作岩，我们可以攀得更高。让我们以审视的目光阅读书籍，与书为友，以书为鉴，让一缕书香伴你我同行！

◀ 第一百八十四期 ▶

1. 共享书籍

《平凡的世界》属于《理工书单》修身篇俭朴类书目，作者路遥。

该书是一部百万字的长篇巨著，这是一部全景式地表现中国当代城乡社会生活的长篇小说。作者在中国 70 年代中期到 80 年代中期近十年间的广阔背景下，通过复杂的矛盾纠葛，以孙少安和孙少平两兄弟为中心，刻画了当时社会各阶层众多普通人的形象。劳动与爱情、挫折与追求、痛苦与欢乐、日常生活与巨大社会冲突纷繁地交织在一起，深刻地展示了普通人在大时代历史进程中所走过的艰难曲折的道路，读来令人荡气回肠，不忍释卷。

2. 精彩瞬间

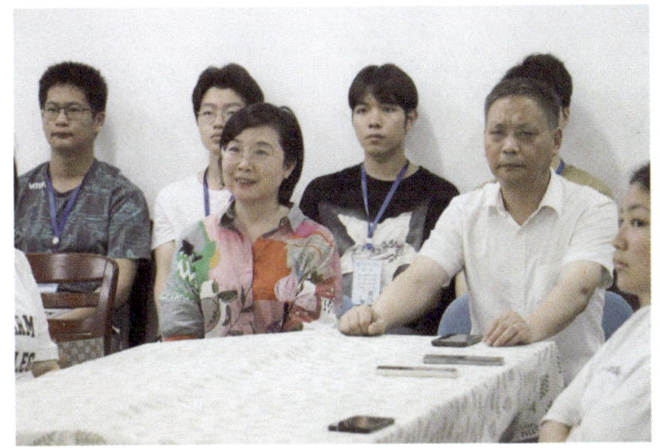

3. 读有所得

薛琳：

每当我学习懈怠甚至想要放弃时，总会想起孙少平艰苦的求学经历。即使条件艰苦、阻挠重重，他尚不放弃读书学习，我又有什么理由放弃呢？他的故事告诉我们坚守才会幸福，过程中也许会有痛苦，但痛苦不是白受的，它使我们愈发坚强。

伍娟：

路遥先生笔下的每一位主人公都鲜活且立体，我们看到少安、少平两兄弟在这个平凡的世界中不断超越自身的局限，不断奋斗，谱写了一曲充满人情味的生命之歌。

许愿：

许多人都在这平凡的世界里坚持着自己的梦想，不断地努力。书中的主人公们与他人斗争，与命运抗争……孙少安和田润叶两情相悦而不得的背后，看似隔着无法逾越的世俗鸿沟，实则暗藏着成年人世界里梦想对现实的妥协和无奈。

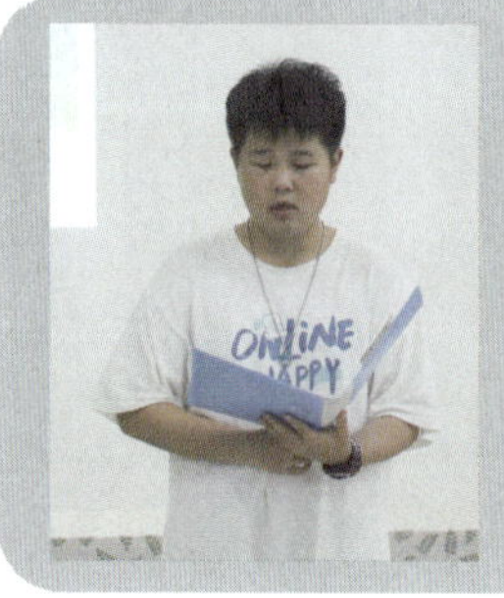

刘景淼：

小说中的很多地方反映了人性的复杂和社会的不公。孙少平的家庭使他在成长过程中遭受了许多不公正待遇，但他并没有因此而放弃追求。这种对于正义和良知的坚守，是我们每个人都应该具备的品质。

4. 嘉宾发言

副校长何瑛老师：

也许大部分人的生命主流注定是平凡，但在这平凡的世界里，永远不能缺失奋斗和进取。我们可以平凡，但不可以平庸。我们要时刻提醒自己，始终保持一颗奋发向上的心，在平凡的生活中努力创造自己的不平凡！如《平凡的世界》里孙少安和孙少平两兄弟一样，始于平凡，终于不凡。希望同学们用心读好“三本书”：一本是“智慧之书”，从中汲取人生智慧，拓宽视野，学会做人；第二本是“专业之书”，学好自己的专业，掌握一技之长，方能立身于社会；第三本是“开心之书”，从书中寻找快乐，缓解工作生活中的压力，使自己始终保持好的心态和心情。

5. 思考总结

平凡的世界，洗尽铅华，尘埃落定。《平凡的世界》是路遥先生“用生命写出的作品”，他是黄土地的儿子，他对黄土地有着深沉而炽热的爱。他不需要华丽的辞藻，不需要惊险的情节，不需要惊天动地的场面，只需要平淡朴实的语言，就足以给我们的生命带来一场难以忘却的洗礼。在平凡的世界成就伟大的事业，这是一种境界，更是一种人生。

第四章 读书联盟

第一节 湘潭十大高校读书联盟

“将读书进行到底”是湖南理工职业技术学院矢志不渝的追求。学校党委绘出了“建设书香理工、引领书香湖南、给力书香中国”的读书愿景，于2017年率先提出了“每周一书”的读书倡议，推出了《理工书单》。2019年，学校倡导发起了湘潭十大高校读书联盟，使理工读书活动形式不断创新，品牌建设不断深化，育人效果不断提升。

中共湘潭市委宣传部

“我和我的祖国·书香湘潭”
——全民阅读活动暨湘潭十大高校“学习强国”读书分享会方案

为深入开展全民阅读活动，推进“书香湘潭”建设，现决定举办2019年“我和我的祖国·书香湘潭”——全民阅读活动暨湘潭十大高校“学习强国”读书分享会，特制定活动方案如下。

一、活动时间

2019年4月23日上午9：00

二、活动地点

湖南理工职业技术学院图书馆前坪

三、活动主题

“我和我的祖国·书香湘潭”——全民阅读活动暨湘潭十大高校“学习强国”读书分享会。

四、组织机构

主办：中共湘潭市委宣传部

承办：湖南理工职业技术学院

协办：湘潭市文旅广体局

湘潭日报社

湘潭市广播电视台

湘潭市教育局

共青团湘潭市委

湘潭市邮政分公司

湘潭市新华书店

湘潭市图书馆

湘潭市全民阅读协会

执行单位：杨华团队

五、活动规模

现场参加人员约 1200 人。

六、活动流程、内容

整场活动设置一个舞台区、四个观众区，采用视频、朗诵、分享体会、仪式典礼、文艺节目等多种形式，实现舞台区与观众区的有机融合，凸显人文情怀、情感投入、活动氛围和仪式感。

活动时长约 60 分钟，由三大篇章构成：万卷书开悟、页页总关情、知行新征程。每个篇章之间以音频或视频衔接，配以主持人现场解说。

第一篇章：万卷书开悟

1. 开篇短片。《书香湘潭》约 3 分钟，播放有代表性的经典古籍朗诵视频，从时间的维度讲述读书的历史，画面定格于碧泉书院、万楼的文昌阁与文庙等文化地标。（责任单位：活动导演组）

2. 湖南理工职业技术学院党委书记致欢迎词，并开展“五问五答”活动。（责任单位：湖南理工职业技术学院）

3. 主持人介绍活动基本情况，现场嘉宾、区域方阵等。（责任单位：湖南理工职业技术学院）

4. 湘潭市委宣传部领导宣读 2019 年全民阅读活动的通知。（责任单位：湘潭市委宣传部、湘潭市文旅广体局）

第二篇章：页页总关情

5. 短片播放。《全民阅读》约 1 分钟，从不同的年龄、不同的场地、不同的方式，全面展现湘潭市推进“全民阅读”的新风。（责任单位：活动导演组）

6. 青少年节目展示。市教育局选送;《新湖南少年歌》节目表演，湘潭县一中演出；30 名小学生集体诵读《弟子规》部分选段。方阵人员：中小学代表方阵。（责任单位：市教育局）

7. 个人分享读书体会。石灵芝老师谈读书体会，方阵人员：市民代表区域 50 人。（责任单位：岳塘区宣传部、湘潭市全民阅读协会）

8. 给“全国书香之家”颁奖。（责任单位：市文旅广体局）9.《理工书单》推介，约 1 分钟。

（责任单位：活动导演组）

10. 理工学子朗诵《理工书单》经典著作中的篇章段落及习近平总书记金句。（责任单位：活动导演组、湖南理工职业技术学院）

第三篇章：知行新征程

11. 短片播放。《学习强国》，时长 1 分钟，展现新中国成立 70 周年的辉煌成就和湘潭市推进“全民阅读”的丰硕成果。（责任单位：活动导演组）

12. 赠书活动。湘潭市邮政分公司、市新华书店分别向市直机关文明创建的十个联点社区赠送价值 5000 元的书籍；湖南理工职业技术学院向湘潭市园林局赠送《中华传统文化百部经典》首批十部图书。（责任单位：湘潭市邮政分公司、市新华书店、湖南理工职院）

13. 学习强国分享活动。湘潭十大高校各出一条学习宣言，挥动校旗。方阵人员：十大高校联盟 50 人。（背景台阶上 300 多学生同时挥动手中小红旗）（责任单位：各高校、团市委）

14. 湘潭十大高校读书联盟启动仪式。十所高校的领导上台启动高校联盟读书仪式，LED 屏幕显示，触摸启动。各大高校旗手扛校旗围绕全场奔跑。（责任单位：市委宣传部、团市委）

15. 读书故事分享。市领导分享读书故事，或者诵读经典文学选段。（责任单位：市委宣传部、湘潭日报社、市广电台）

16. “读书频道”启动。市领导宣布“读书频道”启动，LED 大屏幕显示读书频道 Logo，触屏启动，300 名学生摆出造型。（责任单位：湘潭日报社、市广播电视台）

17. 歌舞《书香满中华》。（责任单位：活动导演组、湖南理工职业技术学院）

18. “我和我的祖国 • 书香湘潭”签名活动。

七、活动步骤

1. 4 月 17 日前：各相关单位报送具体方案（须明确具体负责人以及联系人），并发送到“书香湘潭 • 全民阅读”活动微信群。

2. 4 月 18 日前：活动领导小组对各个子方案进行审议。

3. 4 月 19 日～ 4 月 22 日：活动节目排练，完成节目的音乐、视频制作，LED 背景，演员服装、道具等工作。

4. 4 月 22 日：节目合成排练、走台、彩排。

5. 4 月 23 日 9 : 00 ：正式演出。

八、任务分工

1. 市委宣传部：负责活动牵头、协调、联络；活动会议的组织，市领导、嘉宾的邀请；审核活动流程和相关台本。

2. 市教育局：负责活动现场中小学生方阵（50 人）的组织，活动节目的送演，有关活动视频资料的提供和拍摄及其他有关工作。

3. 市文旅广体局和市图书馆：负责全国“书香之家”人员的组织，授奖事项的有关工作，以及近年来“书香湘潭”的基本情况，2019 年“书香湘潭”阅读活动计划等工作。

4. 湖南理工职业技术学院：负责现场活动的布置；高校“学习强国”方阵的联络协调；各高校“读书活动”展板的制作；《理工书单》节目的创排、现场书籍的捐赠等工作。

5. 湘潭日报社、市广电台：负责整个活动的宣传推介，包括活动现场直播、新媒体传播和“读书频道”开通运行等相关工作。

6. 湘潭市邮政分公司、市新华书店：负责活动现场《中华传统文化百部经典》首批十部图书书目的展示、价值 5000 元书籍的捐赠。

7. 岳塘区宣传部、湘潭市全民阅读协会：负责活动现场市民区域观众（50 人）的组织及节目演出。

8. 各高校：负责本校“读书活动”展板内容整理、有关图片、文字的收集报送；活动节目的准备；参加活动校领导名单的报送等工作。

9. 团市委：负责联络协调邀请十大高校的校领导各 1 人，高校宣传部门负责人各 1 人，各高校学生代表 5 名（以及每所高校 2 块关于“读书活动”的展板内容，10 ～ 12 张图片资料，500 ～ 800 字的电子档收集归总，提醒各校校旗的准备）等工作。

10. 市公安局：负责湖南理工职业技术学院活动现场附近道路的交通疏导、校内的停车指导和安保工作。

11. 张克力：负责活动台本、串词的撰写。

12. 杨华：负责活动方案的策划，有关视频的拍摄、节目编排，及活动现场节目演出等工作。

将读书进行到底

——“我和我的祖国·书香湘潭”
全民阅读活动暨湘潭十大高校
“学习强国”读书分享会
开卷词

各位领导、各位嘉宾，亲爱的老师、同学们：

大家好！

莲城四月，春和景明；伟人故里，书香扑面。在这美好时光、美好氛围里，我们相约湖南理工职业技术学院、相聚博学楼下美美与共，共襄“我和我的祖国 • 书香湘潭”，共享湘潭高校“学习强国”，共度第 24 个世界读书日，将读书进行到底。首先，请允许我代表承办方，代表全校师生员工，对湘潭市委、市政府的高看和厚爱表示衷心感谢！对大家的盛情出席表示诚挚欢迎！对活动的顺利开启表示热烈祝贺！

读书是一件美事，人生大美是读书。人与人的差别，就是一本书的厚度。常人读书活色生香，伟人读书光风霁月。古今来许多世家，无非“读书”，天地间第一人品，还是读书。

读书是一件善事，学校大气在读书。学校之大，要大师，更要大气。腹有诗书气自华。学校大气，就是无处不在的书生气、无时不存的书香气、无人不有的书卷气。学校立德树人，重在让学生崇尚读书，贵在让老师引领读书，读书明理，知书达礼。

读书是一件大事，社会大同要读书。书籍是人类进步的阶梯。从鸡犬相闻的桃源梦想到共产主义远大理想，从人民公社的探索实践到人类命运共同体的伟大构建，千百年来，人类社会大同的不懈追求，无一不与人民文化认同相得益彰。读书，事关国家前途、民族希望。

湖南理工职业技术学院是一所努力奔跑的高校“小老弟”。近年来，在省发展和改革委、教育厅、湘潭市和社会各界的关心支持下，学校苔花如米小、也学牡丹开，坚持创新引领、突出特色办学、注重内涵发展，学先进赶先进、学一流创一流、学样板铸样板，悉心打造不治自理的文明新校园，倾情构建不教自学的育人大课堂，奋勇拼搏不言自明的职教新湘军，办学质量大幅跃升，办学影响全面提升，办学活力冉冉东升。湖南理工职业技术学院也是一所尊崇读书的高校“好兄弟”，厚植湘潭书香气，传承发改书卷气，涵养教育书生气，理工思政近悦远来，理工产教别开生面，理工读书蔚然成风……

“我和我的祖国·书香湘潭”活动现场

各位领导、嘉宾、同仁，教育是成人之美的伟大事业，读书是导人向善的美好事情。教育的欣欣向荣，需要全体教育者言传身教；读书的蒸蒸日上，需要无数读书人身体力行。书山有路勤为径，行百里者半九十。今天，湘潭十大高校同心发起读书联盟，湘潭全民阅读将携手翻开崭新的一页，让我们同城悦享、同声祝福，祝福湘潭幸福平安，祝福祖国繁荣昌盛，祝福中华好儿女书香满神州。

最后，预祝活动圆满成功！

谢谢大家！

“湘潭十大高校读书联盟”成立

中青在线 | 新闻

频道首页 舆情 头条 要闻 中国青年报 国内 国际 教育 经济 青体育 汽车 专题 图片 视频 滚动报道

首页 — >> 新闻频道— >> 国内新闻　　中青报APP下载

莲城书香 全民阅读|湘潭十大高校读书联盟启动倾情推介《理工书单》

发布时间：2019-04-25 02:34　来源：湖南理工职院微宣

编者按

4月23日，第24个世界读书日。湘潭市委宣传部在湖南理工职业技术学院举办“我和我的祖国·书香湘潭”——全民阅读活动暨湘潭十大高校“学习强国”读书分享会。在省委宣传部、省教育厅、湖南出版集团、湖南红网新媒体集团领导见证下，分享会倾情推介《理工书单》，引导全民读以修身，读以做人，读以处事，读书明理，知书达礼。书单入选省委宣传部2017年度全省思政优秀成果奖。

活动全程视频

丛 林 绿 韵

中青在线报道

湖南理工职院：“小书本”读出“大情怀”

2019-04-24 21:14:57　红网时刻　浏览量：7.7万

4月23日，“我和我的祖国·书香湘潭”全民阅读活动暨湘潭十大高校“学习强国”读书分享会在湖南理工职业技术学院举行。

红网报道

第二节　湖南省职业院校读书联盟

2023 年全国教育工作会议对全国青少年学生读书行动作出重要部署后，湖南省教育厅迅速启动了湖南省职业院校楚怡读书行动，由湖南理工职业技术学院牵头成立“湖南省职业院校读书联盟”，推动全省职业院校形成爱读书、读好书、善读书的浓厚氛围，引导青年学生读书明理、读书增智、知书达礼，争当能工巧匠、大国工匠，促进新时代高素质技术技能人才培养工作，助力湖南职业教育内涵式高质量发展。

湖南理工职业技术学院党委书记叶星成强调：“用心读好一本书”是落实学校三次党代会确定的“四一两全”战略擘画的关键一环，学因“用”而贵，书因“读”而香，理工读书向未来，必须始终坚持学、思、用合一，始终坚持知、信、行统一，始终坚持真、善、美归一。理工读书抛砖引玉、近悦远来，理工读书使命光荣、责任重大。

湖南省教育厅

湘教通〔2023〕24号

关于印发《湖南省职业院校楚怡读书行动方案》的通知

各市州教育（体）局、高等职业学校：

现将《湖南省职业院校楚怡读书行动方案》印发给你们，请结合实际，认真做好实施工作。

湖南省教育厅

2023年2月7日

（此件主动公开）

湖南省职业院校楚怡读书行动方案

为深入学习贯彻党的二十大精神和习近平总书记关于教育工作的重要指示精神，教育引导职业院校广大师生自觉践行社会主义核心价值观，传承楚怡职教精神，推动形成爱读书、读好书、善读书的浓厚氛围，进一步助力湖南职业教育内涵式高质量发展，决定开展湖南省职业院校楚怡读书行动（简称“读书行动”），特制定本方案。

一、活动主题

悦读新时代　逐梦新征程

二、组织机构

主办单位：湖南省教育厅

承办单位：湖南理工职业技术学院、湖南教育报刊集团

三、活动内容及时间安排

第一阶段（准备期）：落实人人参与，营造活动氛围

时间：2 月 10 日—2 月下旬

主要内容：各职业院校要积极开展“我是领读者”“我是读书人”等主题宣传活动，通过制作海报、拍摄小视频等方式分享“我最喜欢的书”“我最喜欢的金句”等，营造读书活动氛围。各职业院校要建立“书记校长带头、教师示范、学生参与”的工作机制，在学校官网、官微开辟专栏，利用新媒体广泛开展“读书行动”的主题宣传，鼓励广大师生争做“读书行动”的参与者、实践者、推广者，提升活动热度。

第二阶段（启动期）：举办“读书行动”启动大会，掀起读书热潮

时间：2 月 21 日左右

主要内容：举办“湖南省职业院校楚怡读书行动”启动大会。在启动大会上，省教育厅将宣布成立“湖南省职业院校读书联盟”，并进行联盟单位授牌仪式；发布《湖南省职业院校推荐书单》，引导职业院校广大师生通过书本与先贤对话、与榜样对话、与时代对话；公布“读书行动”的主题活动内容。

第三阶段（实施期）：推进“三个一”品牌活动，提升育人成效

时间：3 月初—4 月底

主要内容：广泛开展“一次主题读书大会”“一轮读书风采展示”“一场‘最美阅读空间’打卡活动”的“三个一”文化育人品牌活动。

1. 一次主题读书大会：各职业院校以校为单位，举办一次主题读书大会。全省将统一组织“悦读新时代　逐梦新征程”主题征文活动（具体要求见附件 1），并评选出一定比例的奖项。

2. 一轮读书风采展示：结合各职业院校实际，以《湖南省职业院校推荐书单》为基础，

组织开展一轮读书风采展示活动，提倡和鼓励学生结合专业特色进行作品展示，内容、形式不限。

3．一场“最美阅读空间”打卡活动：鼓励广大师生以摄影作品、短视频等方式，通过微信、抖音等新媒体途径，打卡校园“最美阅读空间”，吸引更多人养成爱读书的良好习惯。

第四阶段（展示期）：多渠道发力，展示读书风采

时间：4 月底—6 月底

1．活动宣传。省教育厅将联合中国教育报刊社湖南记者站、湖南教育报刊集团共同举办此次活动，并通过央媒、省级主流媒体和“湘微职教”“湖南职业教育”等新媒体平台同步进行活动宣传，进一步挖掘“读书行动”中涌现出来的典型人物、典型事迹，增强湖南职业教育在全国的影响力和知名度。

2．成果展示。省教育厅将根据活动成果，组织开展“湖南省职业院校读书风采展示活动”，立体式呈现全省职业院校读书行动成果。主题征文将择优在《湖南教育•职业教育》《年轻人 • 职教创客》（读书行动专刊）等媒体上刊发。

3．活动评选。省教育厅将根据活动内容，组织评选一定比例的“楚怡读书之星”。

四、工作要求

1．精心组织，全员参与。各地各校要充分认识开展“读书行动”的重要意义，并根据省教育厅有关文件要求，加强领导，积极发动，精心组织，周密部署，将“读书行动”作为抓实抓活职业院校德育工作的重要途径，形成“校校组织、班班活动、人人参与”的活动机制。

2．比学赶超，注重实效。各地各校要以“读书行动”为契机，组织开展形式多样的阅读活动，并制订具体实施方案。如每年举办一次“读书节”活动、创建“书香班级”、推选“读书之星”等，将阅读与分享交流相结合，与日常教育教学相结合，不断创新学习活动的开展形式。对组织参加活动的优秀集体、优秀个人，建议进行表彰，并在年度考核中予以适当加分，激发师生参与活动的积极性。

3．挖掘典型，广泛宣传。各地各校要深入挖掘感人的读书成长事迹和励志的读书成才故事，确保典型过得硬、叫得响、立得住。聚合媒体宣传推介，介绍先进事迹，展示书香建设成果，在校园内外营造爱读书、读好书、善读书的浓厚氛围。

请各市州、高职学校按照名额分配（市州名额见附件 2；每所高职学校可推荐 4 名“楚怡读书之星”和 10 篇主题征文），于 4 月 20 日前将推荐表（附件 3）、汇总表（附件 4、5）和主题征文材料电子版报送至指定邮箱，其中推荐表、汇总表须同时报送加盖公章扫描件；请各市州、高职学校于 4 月 28 日前，将活动工作情况总结电子版报送至指定邮箱。

联系人：黄权，0731-88258847；王宇，0731-84723764

邮箱：zyjyhn@163.com

理工读书向未来

——湖南省职业院校楚怡读书行动启动大会开卷词

各位领导、各位嘉宾，亲爱的老师们、同学们：

大家好！

又是一年春好处，绝胜书香满校园。在这美好时光、美好氛围里，我们相约湖南理工职业技术学院、相聚博学楼里美美与共，共襄“湖南省职业院校楚怡读书行动”，共启“湖南省职业院校读书联盟”，共享《湖南省职业院校推荐书单》，悦读新时代，逐梦新征程！首先，请允许我代表承办方，代表正在省委党校学习的李科校长，以及全校师生、员工，对湖南省教育厅的厚爱表示衷心感谢！对全省职教同仁的盛情出席表示诚挚欢迎！对湖南省职业院校楚怡读书行动的顺利开启表示热烈祝贺！读书是一件美事，人生大美是读书。读书是一件善事，学校大气在读书。读书更是一件大事，社会大同要读书。人与人之间的差距，就是一本书的厚度。

理工是向往读书的。我们理工的校训——明理知行，精工致远，将读书明理作为育人第一要义，理工图书馆是学校地标，理工教学楼是书卷造型，理工校徽是书卷托日，理工读书心往神驰，理工读书薪火相传。

理工是用心读书的。“用心读好一本书”是学校“四一两全”战略定位的重中之重。我们系统构建“四个一”文化育人，倡导每周一书、每课一讲、每日一记、每人一语，贯通学、思、用，统一知、信、行。精心推出理工育人书单，引导师生读万卷书、行万里路，读以修身，读以做人，读以处事，明“勤学、俭朴、乐观，诚信、合作、自律，敬业、专长、创新”九理。着眼九理组织读书月、读书共享会、书香班级、书香支部等丰富多彩的读书活动，发起湘潭十大高校读书联盟，理工九理、近悦远来。明理知行、匠心传人。

理工是得益读书的。一花引得百花开。近五年，学校在省教育厅、省发、改委坚强领导和湘潭市大力支持下，以兄弟院校为师，向兄弟院校学习，读书、守正、创新，事业蓬勃发展，先后获评教育部现代学徒制试点单位、湖南省文明标兵校园、湖南省新能源职业教育教学指导委员会秘书处单位等一大批国省荣誉，招录线以年均三十分的幅度逐年攀升，就业率赶超全省目标并稳步提升，省排位以二十名的幅度快速上升，学子斩获职业技能竞赛国家级一等奖十四项、省级一等奖四十余项。理工读书，善莫大焉。

各位领导、嘉宾、同仁，教育是成人之美的伟大事业，读书是导人向善的美好事情。教育的欣欣向荣，需要全体教育者言传身教；读书的蒸蒸日上，需要无数读书人身体力行。一燕不成夏，独木不成林。今天，《理工读书》抛砖引玉，湖南职教筑巢引凤，湖南省教育厅组织全省职业院校同心发起湖南省职业院校读书联盟，湖南省职业院校读书联盟将翻开崭新一页，让我们同享悦读、同逐梦想，读中华经典，做大国工匠，读大美湖南，绘锦绣潇湘！

问：同学们，好不好？

答：好！

问：我们是？

答：湖南理工职业技术学院读书人。

问：我们的校训是？

答：明理知行，精工致远。

问：我们的精神是？

答：自信满满、永不放弃，自强不息、永不放任，自律坚守，永不放纵。

问：我们的使命是？

答：立报国之志，学一技之长，明读书之理，做社会主义建设者和接班人。最后，预祝读书行动圆满成功！

谢谢大家！

湖南省职业院校楚怡读书行动启动大会活动现场

“湖南省职业院校读书联盟”成立

省教育厅职成处崔书芳处长给联盟理事长单位湖南理工职院授牌

湖南理工职业技术学院

湘理职院〔2023〕7号　　　　签发人：李　科

湖南理工职业技术学院
关于报请成立“湖南省职业院校读书联盟”
的请示

省教育厅：

为深入学习贯彻党的二十大精神和习近平总书记关于教育工作的重要指示精神，教育引导职业院校广大师生自觉践行社会主义核心价值观，传承楚怡职教精神，推动形成爱读书、读好书、善读书的浓厚氛围，根据省教育厅《关于印发〈湖南省职业院校楚怡读书行动方案〉的通知》（湘教通〔2023〕24号）文件相关要求，将在湖南理工职业技术学院举办“湖南省职业院校楚怡读书行动”启动大会，成立“湖南省职业院校读书联盟”（以下简称“读书联盟”）并进行联盟单位授牌仪式。现将报请成立“读书联盟”相关工作汇报如下：

一、成立时间

2023年2月22日

二、单位组成

“读书联盟”成员单位包括全省所有职业院校。设理事长单位1个，秘书长单位1个，副理事长单位11个。

三、湖南理工职业技术学院现有基础及优势

一是学院2017年系统推出了全国高校第一个由党委审定的育人书单《理工书单》，并被评为全省思想政治工作优秀研究成果优秀奖。二是自2011年以来已成功举办十二届“读书月”活动，成为理工读书精品活动。三是倡导发起湘潭十大高校读书联盟，2019年成功承办“我和我的祖国•书香湘潭”全民阅读活动暨湘潭十大高校“学习强国”读书分享会，产生良好社会效应。四是编制《理工读书》《理工论语》等倡导读书明理，文化育人取得

显著成效。五是图书馆推广经典文化持续发力，多次在国、省活动中取得优异成绩。理工读书育人活动不断深化，相关工作得到教育部领导充分肯定。

四、相关请示

1．鉴于现有基础和优势，建议“读书联盟”理事长单位为湖南理工职业技术学院，并负责起草“湖南省职业院校读书联盟”章程（讨论稿）。

2．考虑到在全省的带动性，结合高职高专、中职学校类别以及省内几个片区的代表性，建议“读书联盟”秘书长单位为湖南教育报刊集团，副理事长单位为湖南铁道职业技术学院、长沙航空职业技术学院、长沙商贸旅游职业技术学院、湖南生物机电职业技术学院、益阳医学高等专科学校、邵阳职业技术学院、湖南幼儿师范高等专科学校、湖南环境生物职业技术学院、龙山县第一职业中学、湘阴县第一职业中等专业学校、桂阳县职业技术教育学校。

妥否，请批示。

湖南理工职业技术学院

2023 年 2 月 10 日

湖南省教育厅

关于同意成立“湖南省职业院校读书联盟”的批复

湖南理工职业技术学院：

你院《关于报请成立“湖南省职业院校读书联盟”的请示》收悉，经研究，现批复如下：

1．我厅同意成立“湖南省职业院校读书联盟”(以下简称“联盟”)。湖南理工职业技术学院为联盟理事长单位；湖南铁道职业技术学院、长沙航空职业技术学院、长沙商贸旅游职业技术学院、湖南生物机电职业技术学院、益阳医学高等专科学校、邵阳职业技术学院、湖南幼儿师范高等专科学校、湖南环境生物职业技术学院、龙山县第一职业中学、湘阴县第一职业中等专业学校、桂阳县职业技术教育学校等 11 所职业学校为副理事长单位；湖南教育报刊集团为秘书长单位；全省各职业学校及相关单位经申请可为成员单位。

2．由你院牵头研制联盟章程。联盟依据章程开展工作。

湖南省教育厅

2023 年 2 月 16 日

湖南省职业院校读书联盟

湘职读联〔2023〕1号

关于印发《湖南省职业院校读书联盟章程》的通知

各联盟成员单位：

依据湖南省教育厅《关于同意成立“湖南省职业院校读书联盟”的批复》，湖南省职业院校读书联盟理事长单位湖南理工职业技术学院起草的《湖南省职业院校读书联盟章程》已经湖南省职业院校读书联盟理事会第一次会议审议通过，并报湖南省教育厅审定，现印发给你们，请遵照执行。

附件：湖南省职业院校读书联盟章程

湖南省职业院校读书联盟

2023年2月22日

附件

湖南省职业院校读书联盟章程

第一章 总 则

第一条 为深入学习贯彻党的二十大精神和习近平总书记关于教育工作的重要指示精神，教育引导职业院校广大师生自觉践行社会主义核心价值观，传承楚怡职教精神，推动形成爱读书、读好书、善读书的浓厚氛围，助力湖南职业教育内涵式高质量发展，特成立本联盟。

联盟的中文名称：湖南省职业院校读书联盟

联盟的英文名称：ReadingUnionofVocationalCollegesinHunanProvince

第二条 联盟性质：本联盟是在省教育厅领导下的非营利性、非法人的文化活动组织。

第三条 联盟宗旨：本着自愿、平等、合作、发展的原则，在联盟成员之间建立起一种长期的互惠互利合作关系，充分发挥和利用联盟成员的特色和优质办学资源，开展互补性合作，提升各联盟成员的教育质量、办学水平与社会声誉，提升湖南职业教育竞争力和影响力，为湖南成为全国职教高地，提升区域和国家创新能力做出贡献。

第二章 组织机构及职责

第四条 联盟成员：

理事长单位：湖南理工职业技术学院

副理事长单位：湖南铁道职业技术学院、长沙航空职业技术学院、长沙商贸旅游职业技术学院、湖南生物机电职业技术学院、益阳医学高等专科学校、邵阳职业技术学院、湖南幼儿师范高等专科学校、湖南环境生物职业技术学院、龙山县第一职业中学、湘阴县第一职业中等专业学校、桂阳县职业技术教育学校

秘书长单位：湖南教育报刊集团

湖南省其他职业学校及相关单位经申请可为联盟成员，作为理事单位。

第五条 联盟设立理事会。理事会为联盟最高决策机构，设理事长1名，副理事长11名，秘书长1名，理事若干名，理事长和副理事长由成员单位党委或行政一把手担任，秘书长和理事由成员单位指派相关负责人担任。每年由理事长召集，至少召开一次联盟理事会议。理事长可以召集临时会议。副理事长、理事不能参加联盟理事会议时，可委托本单位相关人员参加。

第六条 理事会的主要职责：

（一）制定和修改联盟的章程及联盟内部的管理制度。

（二）审定联盟工作计划。

（三）审批新成员的加入。

（四）筹备、召开联盟理事会会议。

（五）领导所属机构开展活动。

（六）决定联盟的其他重大事项。

第七条 联盟下设秘书处。秘书处为联盟的日常办事机构，由联盟理事会领导。秘书处设在联盟秘书长单位，设秘书长一名，工作人员若干。秘书处工作人员由秘书长单位根据联盟工作需要自行指定。秘书处具体负责联盟的办公日常事务和管理工作，联盟年度工作计划的实施，联盟的文字、档案工作等。

第三章 联盟活动组织

第八条 联盟读书活动组织采取轮值制。按照理事长或副理事长单位自愿申请、联盟理事会表决通过的方式确定轮值单位。

第九条 轮值单位定期组织有管理部门、联盟成员单位领导和代表参加的读书行动相关活动。

第十条 轮值单位负责倡导、协调、指导湖南省各职业院校开展丰富多彩的读书交流活动。

第四章 联盟成员的权利义务

第十一条 联盟成员的权利：

（一）参加本联盟所组织的各项活动。

（二）享用本联盟的资源和服务。

（三）对本联盟工作进行监督和提出批评、建议。

（四）有自愿加入及退出本联盟的权利。第十二条 联盟成员的义务：

（一）自觉遵守本联盟章程，执行本联盟理事会的决议和决定。

（二）积极参加本联盟组织的各项活动。

（三）为本联盟提供共享读书成果和资源，促进联盟成员相互交流。

（四）发挥区域性辐射示范和引领作用，带动周边学校开展好读书活动。

第五章 附 则

第十三条 联盟不收取任何费用。

第十四条 本章程经联盟理事会表决通过后生效。

第十五条 本章程的解释权属湖南省职业院校读书联盟理事会。

湖南省职业院校读书联盟

湘职读联〔2023〕2 号

关于发布《湖南省职业院校推荐书单（2023 年度第一批）》的通知

全省各职业院校：

为落实湖南省教育厅《关于印发〈湖南省职业院校楚怡读书行动方案〉的通知》（湘教通〔2023〕24 号）文件精神，湖南省职业院校读书联盟理事会第一次会议审定通过了《湖南省职业院校推荐书单（2023 年度第一批）》（见附件），供各院校参考。

希望全省各职业院校积极落实《湖南省职业院校楚怡读书行动方案》，广泛开展丰富多彩的阅读推广活动，历练出本校的阅读书单，形成自己的品牌和特色，打造校园“爱读书、读好书、善读书”的浓厚氛围。

联系人：唐晓应 13974815708　　朱明松　17773161302

附件：湖南省职业院校推荐书单（2023 年度第一批）

湖南省职业院校读书联盟

2023 年 3 月 1 日

附件：

湖南省职业院校推荐书单

（2023 年度第一批）

序号	书　名	作　者
1	《习近平的七年知青岁月》	中共中央党校出版社
2	《爱国不忘读书读书不忘爱国》	蔡元培
3	《海国图志》	魏　源
4	《重中之重》	王成刚
5	《大国工匠》	《大国工匠》节目组
6	《论语》	孔子及其弟子
7	《曾国藩家书》	曾国藩
8	《中国史纲要》	翦伯赞
9	《袁隆平传》	姚昆仑
10	《平凡的世界》	路　遥
11	《活着》	余　华
12	《如何阅读一本书》	[美] 莫提默·J. 艾德勒 查尔斯·范多伦

湖南省职业院校读书联盟

湘职读联〔2023〕3号

关于印发《湖南省职业院校读书联盟理事会议事规则》的通知

各联盟成员单位：

《湖南省职业院校读书联盟理事会议事规则》已经湖南省职业院校读书联盟理事会第二次会议审议通过，现印发给你们，请遵照执行。

附件：湖南省职业院校读书联盟理事会议事规则

湖南省职业院校读书联盟

2023年6月8日

附件

湖南省职业院校读书联盟理事会议事规则

第一条 湖南省职业院校读书联盟理事会依据《湖南省职业院校读书联盟章程》制定本议事规则，旨在规范联盟理事会的工作程序和工作方法，有效推动联盟的各项工作。

第二条 坚持民主集中制，实行集体领导和个人分工负责相结合的制度。凡属重大问题，必须按照集体领导、民主集中、个别酝酿、会议决定的原则，由联盟理事会集体研究决定。

第三条 秘书处为联盟的日常办事机构，由联盟理事会领导，具体负责联盟的办公日常事务和管理工作，包括联盟年度工作计划和报告的起草，工作计划的实施以及联盟的文书、档案工作等。秘书处的工作由秘书长单位负责落实。

第四条 联盟理事会议审议决定以下事项：

（一）贯彻落实上级决策部署的重要措施；

（二）联盟章程和包括议事规则在内的内部管理制度；

（三）联盟的工作计划、工作报告、决策咨询报告、活动方案和推荐书目；

（四）联盟成员单位的加入和退出；

（五）下一年度的联盟轮值单位；

（六）联盟的其他重大事项。

第五条 联盟理事会议由理事长召集、秘书长主持，必要时可以委托秘书长召集、主持会议。

第六条 联盟理事会议可以采取线上或线下的方式举行，与会人员必须包括理事长、副理事长、秘书长或授权代表，且副理事长或授权代表须达到半数以上。

第七条 联盟理事会议的议题由联盟理事长提出，也可以由联盟副理事长、秘书长或理事提出并征得理事长同意。无特殊情况一般不临时动议议题。

第八条 联盟理事会议对议题应当进行逐个表决，表决可以根据议题的不同，采用口头、举手、无记名投票或者记名投票等方式进行，赞成票超过实到会理事会成员（含授权代表）2/3 为通过。未到会理事会成员的意见可以用书面表达，但不得计入票数。

第九条 紧急情况下不能及时召开联盟理事会议决策的，理事长可以临机处置，但事后应当及时向联盟理事会报告并按程序予以确认。

第十条 联盟理事会议决议分为以下几种：批准或通过；原则批准或通过，按要求作相应修改后实施或发布；暂不形成决议，责成相关单位另行提出意见再行研究；不予批准。

第十一条 联盟理事会议作出的决定或决议，适合公开的应当依据有关规定及时公开。对需保密的会议内容和尚未正式公布的会议决定，参会人员应当遵守保密规定。

第十二条 联盟理事会议的会议纪要、审议意见和有关建议，由秘书处负责整理，由理事长审定。会议记录、会议纪要及相关材料由秘书处负责归档。

第十三条 联盟理事会议讨论时遇意见分歧较大或重要事实需进一步论证核查的，可暂缓做出决定，另行审议。

第十四条 联盟理事会议决定的事项，由会议决定的联盟成员单位负责执行实施，由秘书处负责督促，并将执行情况及时向理事长汇报。对于省级层面的重大事项，决议报省教育厅审定后组织实施。

第十五条 联盟理事会议决定的事项，应当及时执行；对执行不力的单位或者个人，视情况给予相应处理；决议执行过程中需作重大调整或复议的，应当提交联盟理事会议审议决定。

第十六条 本议事规则经联盟理事会议表决通过后生效。

第十七条 本议事规则由联盟理事会负责解释。

湖南省职业院校读书联盟

湘职读联〔2023〕4 号

关于公布“湖南省职业院校读书联盟”第一批理事单位的通知

各联盟成员单位：

按照《湖南省职业院校读书联盟章程》相关规定，经湖南省职业院校读书联盟理事会第二次会议审议，申请加入联盟的 65 所职业院校（高职 31 所，中职 34 所）被认定为“湖南省职业院校读书联盟”第一批理事单位，现予以公布。

附件：“湖南省职业院校读书联盟”第一批理事单位名单

湖南省职业院校读书联盟

2023 年 6 月 8 日

附件

“湖南省职业院校读书联盟”第一批理事单位名单

高职院校

序号	理事成员单位
1	湖南网络工程职业学院
2	岳阳职业技术学院
3	湖南交通职业技术学院
4	永州师范高等专科学校
5	衡阳幼儿师范高等专科学校
6	张家界航空工业职业技术学院
7	湖南科技职业学院
8	湖南环境生物职业技术学院
9	湖南汽车工程职业学院
10	湖南石油化工职业技术学院
11	湖南中医药高等专科学校
12	长沙卫生职业学院
13	郴州职业技术学院
14	娄底潇湘职业学院
15	娄底职业技术学院
16	湖南铁路科技职业技术学院
17	湖南现代物流职业技术学院
18	湖南外国语职业学院
19	湖南邮电职业技术学院
20	湖南九嶷职业技术学院
21	湖南水利水电职业技术学院
22	怀化职业技术学院
23	湖南化工职业技术学院
24	株洲师范高等专科学校.
25	益阳职业技术学院
26	常德职业技术学院
27	湖南信息职业技术学院
28	长沙职业技术学院
29	湖南艺术职业学院
30	湘中幼儿师范高等专科学校
31	湖南城建职业技术学院

中职学校

序号	理事成员单位
1	平江县职业技术学校
2	湖南省湘西土家族苗族自治州民族艺术学校
3	辰溪县中等职业学校
4	株洲市生物工程中等专业学校
5	衡阳湘南博远职业学校
6	韶山市职业中等专业学校
7	湘潭交通职业学校
8	花垣职业高级中学
9	湘西新启航职业技术学校
10	湘潭天人中等职业技术学校
11	宜章湘粤中等职业技术学校
12	株洲人工智能职业技术学校
13	岳阳市潇湘科技职业学校
14	岳阳市新青年职业技术学校
15	双峰县职业中专学校
16	郴州市第一职业中等专业学校
17	衡阳市职业中等专业学校
18	宜章县中等职业技术学校
19	新化县湘印中等职业学校
20	株洲轨道交通建设技术学校
21	沅陵职业中等专业学校
22	衡阳铁路运输职业学校
23	安化县职业中专学校
24	衡东县职业中专学校
25	岳阳市理工职业技术学校
26	岳阳市网络工程职业技术学校
27	会同县职业中专学校
28	张家界市武陵源区旅游职业学校
29	汨罗市职业中专学校
30	石门民族职业技术学校
31	永兴县职业中专学校
32	长沙文创艺术职业学院
33	安仁县职业中等专业学校
34	汉寿县职业中等专业学校

注：名单按照报名申请顺序排序。

湖南省职业院校读书联盟

湘职读联〔2023〕5 号

关于发布《湖南省职业院校推荐书单（2023 年度第二批）》的通知

全省各职业院校：

为落实湖南省教育厅《关于印发〈湖南省职业院校楚怡读书行动方案〉的通知》（湘教通〔2023〕24 号）文件精神，湖南省职业院校读书联盟理事会第二次会议审议通过了《湖南省职业院校推荐书单（2023 年度第二批）》（见附件），现予以发布，供各院校参考。

希望全省各职业院校积极落实《湖南省职业院校楚怡读书行动方案》，广泛开展丰富多彩的阅读推广活动，历练出本校的阅读书单，形成自己的品牌和特色，打造校园“爱读书、读好书、善读书”的浓厚氛围。

联系人：唐晓应 13974815708　朱明松 17773161302

附件：湖南省职业院校推荐书单（2023 年度第二批）

湖南省职业院校读书联盟

2023 年 6 月 8 日

附件：

湖南省职业院校推荐书单

（2023年度第二批）

序号	书　名	作　者
1	《习近平与大学生朋友们》	本书编写组
2	《乡土中国》	费孝通
3	《为什么是中国》	金一南
4	《红色记忆》	韩士海
5	《钱学森传》	叶永烈
6	《文化苦旅》	余秋雨
7	《傅雷家书》	傅　雷
8	《云边有个小卖部》	张嘉佳
9	《中国哲学简史》	冯友兰
10	《人生》	路　遥
11	《做最好的自己》	李开复
12	《雷锋日记》/《雷锋文稿》	雷　锋
13	《朗读者》	董　卿
14	《读书是最对得起付出的一件事》	梁晓声

第四篇 读书心得

孔子说："学而不思则罔，思而不学则殆。"书本上的东西是别人的，要把它变为自己的，离不开思考；书本上的知识是"死"的，要把它变为"活"的，为我所用，同样离不开思考。学校有效落实了"四个一"文化育人，倡导读书明理，知行合一，积极引导理工学子读完书后，要积极思考，撰写读书心得，并善于与人分享、交流心得体会。广大理工学子积极撰写读书心得，表达自己对书籍中心思想的理解和个人思想的触动，以及书中的道理和收获。通过读书心得的书写、交流与分享，拓宽边界，突破局限，提升品读、鉴赏能力和人文素养。

第一章

勤以修身：明勤学、俭朴、乐观之理

1

读了《习近平的七年知青岁月》，我感慨良多，对工作有了全新认识。一是在磨砺中锻炼成长。青年习近平把艰难困苦踩在了脚下，在磨砺中成长、蜕变，为村民做了许多实事。对比自己我深感惭愧，于是对职业生涯进行了重新规划，充分挖掘潜力，向优秀看齐，不断突破自我，也鼓励同学们从他的经历中获得成长的力量。二是从心底里热爱人民。通过对这本书的学习和理解，我要不断改进工作方式，不抱怨、说教与责备，而要鼓励、关心与牵挂，努力做好学生的知心朋友和人生导师。三是在读书中变得强大。我要向榜样学习，充分利用碎片时间，坚持自己读书，指导学生多读书、读好书，师生一起享受读书带来的快乐，把精神愉悦写在脸上，让内心变得更强大。

——新能源学院辅导员　黄　静

2

《钝感力》是日本作家渡边淳一的作品，他提出的"钝感力"会被很多人理解为"迟钝"的力量，但我认为更应该理解为遭受困顿的耐力。全书没有高深的理论，作者以其亲身经历和所见所闻，从健康、爱情、生活、人际关系和职场等方面，将钝感力的积极作用娓娓道来，并得出结论：拥有钝感力的人能表现出更强的适应能力和抗挫折能力，所以人人都需要钝感力。

是的，钝感不是真正的"迟钝""愚钝"，而是一种抵御精神内耗的手段，是一种自觉的人生智慧！自觉强化自己的钝感力，并将它应用到日常的学生工作中，让它强大青年学生的内心世界，这才是真正的收获。

钝感力，它是"任尔东西南北风"的云淡风轻，是拒绝精神内耗的智慧，当拥有一份出色的钝感力，我们都将活得更轻松，更容易收获幸福，成就更好的自己。

——新能源学院辅导员　陈　蓓

3

《如何阅读一本书》告诉了我正确的读书方法：一是要学会选择一本书，培养鉴别一本书是否适合自己的能力。二是要学会浏览一本书，快速确定阅读方式是快读还是慢读。三是要学会分析一本书，培养内化一本书的思维。这三者分别要通过基础阅读、检视阅读、分析阅读来完成。

读书犹如品味人生，需要细心发现、用心感受、耐心揣摩与体会。在感到迷茫的时候，请不要忘了还有阅读这件事情，它会是一件值得托付而又让人感到幸福的事情。

——动力谷分院辅导员　周　真

4

《习近平的七年知青岁月》讲述了习近平总书记青年时代在梁家河的艰苦成长历程，通过阅读这本书我有一些自己的感悟。

我觉得这本书体现了青年习近平的品格风范。习近平总书记说："要当好一个村的领导，必须一碗水端平。群众最讲究的就是'公道'二字，最信服的就是公正的人。哪怕一毛钱的事，你处理得不公，群众也不答应；10 块钱的事，你处理得公道，群众也不会有意见。无论大事还是小事，该咋办就咋办。"正如我们团学干部一样，要当好一个团学干部，就要做到大公无私、不徇私情、不谋私利、乐于奉献、乐于坚持地为同学们服务。做人也一样，要坚持不懈。老师告诉我们，成功的唯一秘诀就是坚持到最后一分钟。通过阅读本书，我明白了不管做什么一定要坚持，要有坚持到底的心，坚持到最后就会发现所有努力都是值得的。

——校学生会生活权益部　王申远

5

书是人类进步的阶梯，书是瞭望世界的窗口。当读完《向毛泽东学读书》后，我认识了"最有魅力的读书家"——毛泽东，了解到了书中世界的"金屋"，掌握了如何探索"金屋"的奥秘。

"书是用来读的，不是用来装饰门面的！"书让那个来自山沟沟里的农家子弟毛泽东改变了人生，改变了命运，改变了中国，成为了旷古烁今第一人。读书不是一时兴起，也不是忽冷忽热，更不是装模作样。在翰墨飘香的书堆中，有答案，有品位，还有成功的方向和幸福的指数。

作为一名青年学子，我们应多读书、读好书，读书明理，知书达礼，养文化自信，拓知识视野，长人生智慧，做最美理工学子！理工三年芳华，图书馆三年常约！愿勤奋向上的你我，能在书中找到属于自己的一片天地！

——校学生会纪检部　王　姣

6

看完《马克思传》后，我觉得人需要不断学习，不断突破自我，不断完善自我。要做最好的自己，就需要不断地学习。学习不仅仅是学习知识，更多的是了解自己，做最特别的自己。其实每个人都是独一无二的，但在独一无二中又是那么得普通，那么得渺小，千千万万个人，也就有千千万万个我。通过阅读这本书，我们可以借鉴他人走过的路，领略他人看过的风景，在同一条路上走出不一样的风采，在同一景点里见到不一样的景色。书能让人绽放光芒，引导我们发现自我。

——校学生会组织部 龙彩银

7

《岛上书店》这本书用特别的方式去诠释“爱”这个字，书中主人公的改变有时也像我自己，总能从本来对生活的冷漠中感受到对爱的向往。

这本书的作者提出了一个新的理念:“人并不是一生下来就会爱的，我们的人生是一个不断学习的过程。”这本书让我重新看待身边的每一段关系，可能我们还没有在人生中碰到一个改变自己一生的人，或者碰到一个改变自己人生态度的人，但我们都会有一个深爱的人，有一个愿意为你付出的朋友，他们教会了我们如何去爱，教会了我们看到生活中的美好，也让我们懂得了被爱，看到了人性之美。

——校学生会办公室 曾馨瑶

8

《动机与人格》是我这个寒假读的第一本书，书中介绍了为人所熟知的马斯洛需求层次理论，它影响着人格的塑造，其中对于人格塑造最重要的一部分是来自家庭的影响。

一直对历史有着深厚好感的我，在这本书中寻找到了久违的触动，看出了教育对培养一个人的重要性。从古至今，在一代代的传承和教育中，家风家训占了很重要的一部分。当今社会很少有家庭还留有书面的祖训，但是这些内容早已潜移默化我们的一言一行。人们常说一个孩子的行为和言语往往能反映出他的家庭环境，这也许就是家风家训的真谛与力量吧！所以说，家人是孩子最好的老师，塑造成功的人格必然与朴素的家风家训不可分离。

——社团联合会财务部 王雨胭

9

我读完卡尔·罗杰斯的《论人的成长》之后，知道了人在成长的道路上，会有不同的精神风貌。当我们想要塑造一种美好的精神风貌时，就需要学着去改变，这本书就为我们讲述了几个改变的方向。卡尔·罗杰斯的这本书共分四个部分。第一个部分讲述的是他的个人成长经历，后三个部分介绍的是他总结的个人成长方法和途径。读完这本书之后，我学到了随着人的成长，每个阶段的思维都是不一样的，所以我们要学着去改变、去创造、去适应。就像有一句话说的“不忘初心，方得始终”，坚持自己的初心，未来会更好！

——社团联合会宣传部 王雪缘

10

《我们仨》这本书让我感受到血浓于水的亲情，可以如此的淳朴，也本来就是如此的淳朴。就像小时候爸爸妈妈无微不至地照顾我，陪着我长大，陪着我玩，陪着我闹。所以杨绛在回忆，回忆丈夫的笨拙与可爱，回忆初得爱女的喜悦，回忆女儿的聪明与孝顺，回忆许多年来一家人经历的风风雨雨，三个人同甘共苦……

这些都让我深有体会，我的成长有很多和她们家相似的情形，读了这本书让我懂得了：爱，无须歌颂，真诚即可；幸福，无须寻找，生活中满满的都是幸福。

——校学生会朋辈辅导工作部　刘嘉怡

11

我阅读了《平凡的世界》一书，让我明白了许多道理。书中最让我震撼的是孙少安。他是一个家境贫寒的普通人，从学生时代的“非洲人”，到成年时代的“揽工汉”，这个只读完高小的年轻人经历了许多的痛苦和磨砺。从孙少安给每户多分猪饲料的批判，到他与润叶爱情的阻碍；从对联产承包责任制的坚决制止，到他妻子患上癌症，生活的酸甜苦辣都让他尝尽了。他仍没有低下头颅，没有被厄运打败，反而顽强地站起来，越来越坚定。一个平凡的人，一段平凡的成长故事，曲折和磨难却让这个普通得不能再普通的人变得坚强，变得不屈，最终变成了一个铮铮铁骨的硬汉。他用自己的双手奋斗，用身躯抵挡批判，用坚实的脚板踏出一段不凡的人生！生活在幸福时代的我们是平凡的，没有太多的苦难，但我们依然可以用双手去创造一个不平凡的自己，让光芒照亮世界！我虽平凡却能带给世界不凡！

——社团联合会组织部　邓　彪

12

《朗读者》这本书的内容来自央视一档同名节目，本书结构为先为采访、对话，后为嘉宾所带来朗读的文段。在看这本书的时候，百读不厌，就好似看了几本一样。

其中让我感触最深的是著名表演艺术家濮存昕老师在节目中的朗读片段——来自《老舍散文》的《宗月大师》。

《宗月大师》这篇文章讲述了老舍幼年时家境贫寒，没钱读书，受到宗月大师的帮助才上了学的故事。老舍写此篇文章的用意，就是为了感恩宗月大师为他所做的一切。文章中的宗月大师在未出家前被大家称为“刘大叔”。刘大叔出生在一户阔绰人家，他从不吝啬，别人吃他的、骗他的，他也就付之一笑。后来家道中落，其夫人、女儿入庵为尼，刘大叔也削发为僧。成了和尚的刘大叔（也就是后来的宗月大师）依然不忘帮贫救困。

濮存昕老师选读这篇文章也是为了感恩。他在年幼时患有腿疾，一直被同龄人嘲笑、孤立，直到后来得到了荣国威大夫的帮助治好了他的腿疾，走出童年的阴影。在采访中，我得知濮存昕老师在人生的每一个转折点上都有人热心帮助，才成就了今天的他，而他此次选读此篇文章正是为了感恩这些人。

我们每个人的一生都或多或少地受到过别人的帮助，我们要感谢这些人的帮助，心存感恩之心，世界才会变得更加美好。

——风电 1161 班 谢 鹏

13

刘同所著的《向着光亮那方》讲述了 17 个在生命中呼啸而过的故事。每个故事叙述的事不同，主角不同，道理也不同，但它们让人相信，就算身处黑暗，也会有光。

这本书告诉我们，就算陷入黑暗的深渊，也要从黑暗中找到那束光，攀上那层崖，向光前行，向上开花。我印象最深刻的是在《相信》这篇故事中关于远房表叔福田的事迹。故事中的远房表叔福田是一对近亲结婚的夫妻生育的孩子，因为受近亲基因影响，他的大脑比别人发育慢，走路也总是有些踉跄，但是他却总是对人报以热情与信任，对外界没有任何防备。正是因为他的这份热情与信任，让作者对他充满愧疚与遗憾，也正是因为他对外界没有防备，凭空多出许多别人对他的不理解与不友好，让身为读者的我将心深深揪起……所幸，他的整个人生皆因热情与信任，让他成为照亮别人的那一束光。

无论身处何方，陷于何种境地，都要试着去做环境的主人，向下生根，向上开花，向着光亮的那方，继续前进！

—— 电气 1172 班 谭志海

14

读完了郭斯特的《梦想还是要有的，万一实现了呢》这本图书后，我觉得没有梦想的人就像是没有颜色的花，梦想就像是在黑暗中引领我们前行的一盏灯，就像是我们迷惘时的一个指南针，指向心中的日月。但如果只拥有梦想，而不去努力实现，那梦想也只是空想。哪一个名人、伟人在成功的道路上没有流下辛苦的汗水？所以说梦想是我们前进的动力，是我们奋力拼搏的方向，有梦想才有方向，才有动力！

我的梦想是当一名军人，因为我想用我的汗水，用我的青春，用我的热血去报效国家。在我眼中军人是最无私的，是最伟大的。为了服务人民、守护人民，他们可以不惜一切代价，甚至将生命置之度外。他们顽强的毅力、坚韧的精神和忠诚的信念让我动容，他们淋漓尽致地体现了只要坚持什么事都可以迎刃而解的精神，所以从小我就暗自发誓我一定要去当兵！为了实现自己的梦想，就算过程再艰苦，我也会义无反顾地坚持下去。我也为我有这样的梦想而感到骄傲！

有梦想就要去努力奋斗，不管结果如何，只要自己为此而努力过就不留遗憾了！

——风电 4171 班 戴 樱

15

《假如给我三天光明》主要写了海伦·凯勒变成盲人后的生活。一开始，海伦自己也接受不了变成盲人这个事实，感觉整个世界是黑暗的、毫无希望的，面对生活也是消极的，但她迫切地想要摆脱这种生活，希望重新获得“光明”。后来她在父母的帮助下，找到了莎莉文老师，这位老师成为了海伦生活的引路人，给海伦黑暗的生活带来了希望，让海伦充满希望地开始了新的生活。在莎莉文老师的指导下，海伦的人生开始慢慢变好。虽然在这个过程中遇到了一些不好的事情，但她并没有放弃。终于她的努力得到了回报，她用自己的汗水实现了大学梦想，进入了哈佛大学。

这本书告诉我们要正确地看待困难和挫折，每个人的一生中都会发生很多不好的事情，但我们要以乐观积极的心态去接受、去改变，遇到困难时不要退缩，要想办法克服它，在困难面前抱怨是没用的，只有保持良好的心态面对它、战胜它、克服它，才会成功。这本书还告诉我们，要尽力去完成我们每天所做的每件事情，把每件事情都做完是不容易的，要把每件事都做好更不容易，因为这不仅需要恒心，还需要坚韧不拔的毅力。

——微电网 1191 班　唐紫云

16

读了《老人与海》，我最大的感触是：我们要有坚忍、宽容的心，在处事时不要轻易放弃，要有坚定的意志。人生本来就是一场无止境的追求，这条道路漫长、艰难，而且充满坎坷，但只要自己勇敢顽强地以一颗自信的心去迎接挑战，就永远是一个真正的胜利者！

从表面上来看，老人不是最后的胜利者，因为大马林鱼都被鲨鱼吃了，鲨鱼才是胜利者。但是，从更深层次来看，老人才是胜利者，他没有被困难吓倒，也没有向大海、大马林鱼、鲨鱼妥协和投降。在与大马林鱼斗争两天两夜中，他表现得那么坚强、自信和勇敢，纵使他最后得到的只是一副鱼骨架，但他的人生价值得到了充分的体现。就像老人所说的：“一个人并不是生来要被打败的，你可以把他消灭掉，可就是打不败他。”

—— 电商 1191 班　吕艳萍

17

人们常说，打倒你的不是别人，而是你自己；惊喜和意外，永远不知道哪个先来。我们绝大多数人都是四肢健全、智力正常的普通人，难以体会残疾人的痛苦。《假如给我三天光明》的作者海伦·凯勒失去了视力和听力，却从一片黑暗中找到了自己的价值，甚至将自己的人生过得比很多普通人更加有意义。反观我们自己，却像书中写的那样“将人生视之为当然，认为日子无穷无尽。”也许正是因为我们的不缺憾，反而失去了对美好事物的珍惜之情。可美好的东西总会有失去的那一天，安逸的日子总不会长久，今天的懒散总会给未来种下苦果。只有立足当下，将现在的每一天利用好，我们的大好光阴才不会被虚度。《假如给我三天光明》这本书启示我们，要抱有乐观的心态，珍惜现在的点点滴滴，把自己想要做的事情坚持完成，这样才不会给自己留下遗憾。

——光电 1192 班　吴绍嘉

18

《老人与海》属于《理工书单》修身篇中的乐观类书目。读完本书，让我明白了什么才是真正的人生，什么才是坚强。

作者刻画了一个在艰难环境下与大海搏斗、努力生活的老渔夫。老渔夫在困境中没有放弃对生活的希望，每天迎着第一缕阳光出海捕鱼，无论有没有收获，他都一直坚持着。后来，他真的抓到了一条大鱼，但却在回港的路上遇到鲨鱼的攻击。他毅然地拿起鱼叉与鲨鱼搏斗，刀子断了，就用短棍；短棍丢了，就用舵……这种锲而不舍的精神不正是我们应该学习的吗？即便最后大鱼被鲨鱼吃光了，只剩下一副白色的骨架。

一个真正的强者只能被摧毁而不能被击败——这是本书为我们讲述的生命的强度。老渔夫是孤独的，他是在理想的道路上独自前行的旅人，但他又是感觉不到孤独的，因为他的意志是那样的坚强。他使我懂得了做人不应该被任何困难所屈服，应该尽自己最大的努力与生活中的磨难做不屈不挠的斗争。现实生活中，我们也会像老渔夫那样受到挫折、失败，以及许多负面情绪的影响，有人会因此而消极避世，失去努力生活的热情，但是有一些人，他们总会像老人那样坚持到底，决不退缩！

人生本来就是一场无止境的追逐，这条道路漫长而艰难，只要自己以一颗自信、勇敢且顽强的心去迎接挑战，就永远是一个胜利者。

——机电 1192 班　王　晨

19

读完《活着》，我最大的感触是人生是很短暂的，一个人置身于宇宙也不过是沧海一粟。很多时候我们都不懂得在拥有的时候珍惜，而让一些毫无意义的事情占据了我们的时间，我们为何不好好珍惜当下，让自己更加无悔地活着呢？在生命面前，什么都不重要！看完这本书，我常常思考，活着的意义到底是什么呢？是为了体会尝尽人生百态后的大彻大悟？还是为了享受世间缤纷多彩的事物？抑或是为了实现既定的人生奋斗目标？不管如何，我们都应好好活着。不论是现在还是将来，只要活着就应该好好珍惜，毕竟每一个明天都是未知的，既然是未知的，那么值得我们有所期待。

——无人机 1192 班　熊　良

20

《向着光亮那方》让我看懂了人生中的转弯、告别、妥协、原则、裂痕这些关乎成长代价的代名词。我们的青春都一样，孤独着，迷茫着，但也有温暖的光亮透进来。在青春存在的地方，我们都能成为一束光，照亮自己。

本书一共讲述了17个故事，17个生命中看似不起眼，却呼啸而过的故事，它们写出了人生中无限的悲伤、荣耀、爱与希望。

《努力》这篇文章描述了刘同高中时的故事。那个时候的刘同，胆小、害羞，因为文理分班没考好，所以他与自己一直想进的文科重点班错过了。但是为了能进入文科重点班，刘同鼓足了勇气，战胜了那个怯懦的自己，向文科重点班的班主任表达了自己的想法，最终成功进入了文科重点班。但是，在这个班级里他的成绩并不是很优秀，自卑的他又开始将自己隐藏了起来。他的班主任发现了他的不寻常，便总是让他参加许多活动，他也总是将每一个活动都做到最好。到了高三复习时，他才真正地明白班主任的用意——学习成绩好坏并不是最重要的，相比学习成绩，学习能力更重要。当你想要努力去做好一件事情时，你的信念与能力便已经战胜了你的成绩。

我们的人生中，每天都在发生着许多故事，这些故事似乎都与我们的青春息息相关，也许是自卑胆怯，也许是不被理解，也许是不知道如何前行，也许是拒绝告别，但要坚信自己有能力克服，并为此付出行动。这些青春故事都会成为我们人生里的一盏盏明灯，照亮我们，照亮这个世界。

——机电1193班　朱佳俊

21

"田野上，一个老者，牵着一头老牛"，他慢慢地走着，我慢慢地读着……

《活着》一书讲述了一个嗜赌成性的纨绔子弟从输掉家中一百亩土地后开始的悲剧，他的一家老小，因为时间及各种原因相继离开了人世，到最后，只剩下他跟与他同名的牛相依为命走完剩下的路。

故事的开头时，他对着牛喊："二喜、有庆不要偷懒，家珍、凤霞耕得好，苦根也行啊。"起初以为这只是他给牛随意取的绰号，读到后面才知道全是福贵家人的名字，我不禁泪目，这么多年，福贵始终没有忘记，一直记挂着他们。

福贵目睹了一个又一个亲人的离去，不用深想就知有多惨痛。读完这本书的时候刚好黄昏，黑暗一点点侵蚀，我仿佛在余华笔下走完了福贵的一生，见证了他的满目疮痍，失无所失，内心恐惧与苍凉各占一半。恐惧的是看着他家人一个接着一个地离开，不知道翻到下一页又有哪个人因为哪件事死去了；苍凉的是文末只剩下福贵与叫福贵的牛相依为命，光从文字都能感受到年迈的他有多孤独，又有多痛苦。但令我十分敬佩的是他永远相信生活属于每一个人，自己的感受无关别人的看法，无论路途有多艰险，他始终眼里有光，心中有太阳。

活着的意义究竟是什么？"人是为活着本身而活着，而不是为了活着之外的任何事物而活着"，这是福贵的信念。也许我们都不明白活着的意义，可他们光是活着，就已经拼尽全力，为了一份信念，一份支持，即使身处逆境，也要热爱生活。福贵只不过是生活在底层的人，但他的故事却是在这大千世界中每天都在发生的事。谁都预料不到明天与意外哪个先会来临，所以我们每个人都不能放弃自我，要珍惜现在的幸福生活，务必好好活着。

——电商 1201 班 奉慧涛

22

与《人生》的相遇发生在书店。读了路遥的《平凡的世界》后，我对他颇有兴趣，于是从书店的书架上买走了路遥另一部作品——《人生》，它开启了我对这片孕育一代又一代人的黄土高坡故事的向往。我喜欢他朴实无华地写出社会底层人民的真实生活，这让我在快节奏的生活中留有一份纯朴的美好寄托。最抚人心的往往是最平凡的生活细节，也许是因为有过几年的乡下生活经历，我对老一辈的人多了一份理解。乡下的日子是这辈子最难忘的时光，这本书让我脑海中再次勾勒出那些淳朴又回不去的时光。其实读书就是在读自己，人生离不开成长，成长亦是跟自己和解的过程。

人生这个词听上去很宽广，你、我、他都有各自的人生。丑小鸭变成白天鹅，灰姑娘嫁给王子，青蛙得到睡美人的吻变成了王子，小红帽跟外婆最后团聚…… 这些童话故事，总让我们以为自己会是最特别的那个，可是平凡却是我们大多数人的生活归宿。如果真的读懂了什么，那就是现实没有童话那么完美。就像高加林和黄萍，两人的家庭背景差距如此大，尽管高加林年轻时对理想充满渴望，努力冲向更靠近理想的地方，但最终两人还是无疾而终。我们生活中也是如此，有不被祝福的爱情，有不被看好的想法，也有没能实现的理想，人生不如意十有八九，总有遗憾和不圆满，跌宕起伏才是人生。

或许我们总要在年轻的时候经历一些难忘的事，才懂得如何生活，如何爱家人，所以年轻总是满怀遗憾。高加林没有珍惜刘巧珍，为了虚荣、名利抛弃了白月光，最后沦为平庸之辈，失去曾经的爱人。可是人生没有重来，事已至此，我们能做的就是莫好高骛远，珍惜眼前的生活，让往后人生值得。

——光电 1201 班 龙雅芳

23

为什么要看这本书？这大概还要从电影《了不起的盖茨比》说起，电影传达的人生观深深吸引了我，也由此想要看看原著《了不起的盖茨比》。

本书讲述了一个追逐梦想的故事。盖茨比与黛西曾经是一对恋人，但盖茨比不得不因为战事而远走他乡，于是黛西就成了他的梦想。很多年之后，穷小子盖茨比功成名就，在黛西家别墅的对岸买了一栋巨大的豪宅。他仍然保持着少年的羞涩，想见她——他的梦想，但他却不愿意直接拜访；他只愿意用自己的方式默默关注着黛西，很傻，也很深情。

时光流逝，盖茨比终于意识到，现在的这个女孩已不是当初那个纯洁美好的黛西，但盖茨比依然在不断地与现实抗争，直到死于非命。读到这里，不禁让人唏嘘。盖茨比追求的一直是心中的梦想，是他润色再润色之后的黛西，他为黛西不断加上滤镜，但也正是因为这样，他怀着一个梦想成就了自己。他是幸运的，同时也是不幸的。

盖茨比就像萧伯纳曾经说过的“人生有两大悲剧，一个是没有得到你心爱的东西，另一个是得到了你心爱的东西”那样，他得到了，他也失去了。

在读完这本《了不起的盖茨比》之后，我偶尔也会阶段性踌躇满志，想要成为书中的盖茨比。但后来我发现，这本书的存在只是宽慰自己，因为不是任何人都可以成为盖茨比。但谁又能说成不了盖茨比就获得不了成功呢？个体对成功的定义是不一样的，最终的成功又是谁眼中定义的成功呢？这给了我很多的思考。

——步步高 1202 班　王晓彤

24

《简·爱》是我很喜欢的一本书，因为我非常喜欢女主人公身上对事物的看法和她身上所展现出来的精神，这种精神是非常值得我敬佩和学习的。我很久之前就已经拜读过这本书，当时对它的理解并不深刻，认为这只是一本很简单的关于爱情的长篇小说，但当我再去复读时，却发现这本由英国女作家夏洛蒂·勃朗特创作的具有自传色彩的长篇小说，其意义非常深刻。

《简·爱》主要讲述了一位从小变成孤儿的英国女子，她在经历了各种磨难后，还在不断地追求自由与尊严，并坚持自我，最终获得幸福的故事。小说成功塑造了一个敢于反抗、敢于争取自由和平等地位的女性形象。我认为小说中的女主人公简·爱虽然是一个贫苦低微、其貌不扬的女子，但是其却是一个倔强、独立自尊、勇敢执着、聪慧过人的女孩，从她对自己的命运、价值、地位的思考和把握，对自己的思想和人格的理性认识，对自己的幸福和情感的坚定追求中，我看到了当今的新女性形象：自尊、自重、自立、自强，对于自己的人格、情感、生活、判断、选择的坚定理想和执着追求。我非常喜欢女主人公简·爱说的一句话:“你以为，因为我穷、低微、不美、矮小，我就没有灵魂没有心吗？你想错了！我的灵魂跟你的一样，我的心也跟你的完全一样！要是上帝赐予我财富和美貌，我一定要让你难以离开我，就像我现在难以离开你。我现在与你说话，是我的精神与你的精神说话，就像我们两人穿过坟墓，我们站在上帝脚跟前，彼此平等——本来就如此！”话语中所表现出的自尊自爱令人动容。在这句话中，女主人公所表现出了她的自尊、自重、自爱，面对诱惑有着良好的克制力，对于社会人格有着理性的认知。这既是夏洛蒂·勃朗特内心抗争、追求平等的缩影，同时也是当今新时代社会中所有独立女性的缩影。

我喜欢《简·爱》这本书不仅仅是因为女主人公简·爱在小说中展现出来的精神，更是因为《简·爱》这本书给人一种难以抗拒的美感，折射出足以震撼心灵的强烈艺术感染力，没有堆叠的华丽词语，也没有无用的赘述，却刚好抓住人的心理，给人带来无尽的回味。

——会计 1203 班　颜智慧

25

《等一朵花开》让我明白人生是一个期盼和希望的过程，在生命的旅程中，学会等一朵花开，学会让自己多些耐心和微笑，学会保持豁达洒脱的心态，更加坚定、温柔地为生活努力奋斗。在我们面对人生的烦恼和忧愁时，应该积极地向阳而生。在时间长河的奋斗之路上，有风有雨才是常态，而作为少年，我们更需要经得起沉淀，乐观豁达，笑对人生。

——动漫 1211 班　许　波

26

《人间至味》是一本关于美食的散文集，汪曾祺老先生在谈笑间将百姓家常的一饮一食描绘得活色生香。书中描写的是朴素美食，却饱含着对人间温度的赞扬，对中国劳动人民生活里的热忱、乐观之情的歌颂，而那蕴藏在美食里的乡土民俗也表达着汪老先生对这片土地的眷恋。与祖国母亲分离的游子会不会也是如此呢？惦念着故土山河与这一切美好……

生逢盛世，我们远离了战乱，也远离了饥饿和贫穷。作为一名职业院校青年学子，我们通过读书求立身之技，承先辈之志，筑华夏复兴之梦，恰逢其时！

心底有星火的暖，有国家的温，所以一路前行，有方向，有底气，毫不畏惧。虽经历风雨，心底仍有期盼彩虹的淡然与宁静。

——光热 1211 班　程依晴

27

《人间草木》是一本让人增长见识的宝贵书籍，书中写了许多不为人知的奇妙趣事和美丽动人的景物。读完后，我深深地陶醉并沉迷其中，深感乐趣无穷！

在匆匆过眼的人间草木中，汪曾祺老先生领悟到了人生无常，但见有序。我喜欢他的文字，从中能够感受到他对生活的热爱，他的心思永远是透骨新鲜的，眼色里常含恻隐之心。他的文字像茶，摊晾、杀青、搓揉、慢烤，最后呈现出的，只有小小茶碗里的一汪碧波。

汪曾祺老先生有句名言：“生活，是很好玩的。”这其实代表了他的人生态度。我们要向汪曾祺老先生学习，有一双发现美的眼睛，去感受生活中的美好，享受生活。

——机器人 1211 班　童先锋

28

虽然《飞鸟集》里的每首诗都是简短的，但却给了我们前行的力量。当我们在生活中感到迷茫、困惑、无助时，可以读一读泰戈尔的诗，想想诗中自由飞翔的鸟、穿着光之衣的太阳、披着绚丽围裙的云朵、虔诚祈祷的樵夫和乡间淳朴的泥土……诗中美好的事物可以让我们找回对生活的热情。面对失落与痛苦，我们不会再抱怨与气愤，而是对平凡的生活充满激情，充满感动。

读这本诗集，会让我们在某一刻、某一个章节停下来思考和感悟，再回首的时候会发现“山重水复疑无路，柳暗花明又一村”，最终跨过了好久都没有跨过的那道坎，拨云见日，豁然开朗。

——光热 1212 班　伍　芊

29

在一位朋友的推荐下，我初次接触了太宰治先生的小说《人间失格》，刚开始看感觉有些枯燥无味，渐渐地，我便被小说的主人公叶藏带入其中。这本小说折射出了作者一生的境遇，真实而又深刻。它描写了主人公叶藏从青少年到中年，为了逃避现实而不断沉沦，最终一步步走向自我毁灭的悲剧。我不禁联想，我们活着的意义是什么呢？真的难道就像一个机器一般枯燥无味地生活，然后到了老年，等到躺在病床上的那一刻，回想自己的一生，才觉得很后悔、很愧疚吗？《人间失格》是一部滴血的灵魂自白，这本书蕴藏了太宰治在短暂的一生中经历的种种遭遇和迷茫挣扎，就算时过境迁，那种迷茫和彷徨也几乎贯穿了太宰治和我们每个人的青春。

身为大学生，我们有时候也会很迷茫，希望能过着安于现状的生活，不愿意去努力，害怕面对失败。在看到那些成功人士时，我们可能会说:“我也能像他那样”。可我们真的能像成功人士那样付出诸多的努力和时间吗？我们要努力拼搏，争取属于自己的一片天地，即使失败了，到了老年也不会后悔，因为自己拼搏过，不是吗？生活确实如此，没有松柏的常青，没有生命的循环，只有无尽的挑战，这就是人生。短暂的人生就是需要我们去闯荡、去拼搏，这样才会活得有意义。

—— 工商 1212 班　肖　茜

30

读完《红星照耀中国》这本书，我感触颇深。让我印象最深的就是那些在逆境中顶住压力、英勇斗争的革命先烈们，他们不忘初心，不屈不挠，不断探索和寻找新的道路和方法，不断推进党和人民的事业，用自己的青春和鲜血、汗水和智慧，创造了一个又一个的奇迹，成就了一个又一个的历史伟业。与我们现在和平幸福的生活相比，革命战争所追求的价值更为伟大。红军的壮烈牺牲是为了夺回国家的独立、民主和自由，我们也应当有这样的信仰，有所追求，去完成自己的使命。让我们一起铭记那些为革命事业献身的英烈，让我们也能以他们为榜样，为实现我们自己的梦想和信仰而奋斗。作为新时代青年，我们更应该铭记历史，铭记英雄；更应该珍惜和感恩生活中的每一个幸福时刻，更加坚定地追求和平与发展；更应该有信仰、有担当、有追求，不忘初心、牢记使命，以为革命事业献身的英烈为榜样，为实现社会主义现代化和中华民族伟大复兴而奋斗。

——动漫 1222 班　许常鹏

31

《愿你的青春不负梦想》这本书是梦想导师俞敏洪的心声，他用最朴实和最真诚的话语告诉我们如何通过拼搏与奋斗，克服人生路上的艰辛和坎坷，最终实现自己的梦想。在读这本书的时候，我感受最深的就是俞敏洪无论是否顺遂，他始终都洋溢着积极乐观的态度和自强不息的精神。在遭遇坎坷和磨难的时候，有的人就此一蹶不振，但俞敏洪却越挫越勇，让人钦佩。到底是什么力量赋予了他一往无前的智慧和果敢精神？在本书的序言中作者有力地讲道："不要让害怕本身阻碍了你前进的步伐，不要放大自己的弱点。万物皆有裂痕，这样光才能照射进来。你的弱点，有时候正是你向前的最好动力！"

青春是美好的，没人能逃离青春的欢欣和阵痛，但只要我们无悔地选择，无言地付出，不懈地打拼，就一定会活出精彩的人生。正如俞敏洪在书中所言："我们无法预测未来，所能做的就是在成长的道路上不断前进，克服一个又一个困难，不放弃才会出现生命的奇迹。"

——动漫 1223 班　冯　杨

32

十七八岁正值美好青春年华的我们，怀揣着梦想，憧憬着未来的幸福生活。"活着"这类问题于我们而言，就如同天上的星星一样遥不可及。而在读了余华先生的《活着》之后，我不禁思考：人为什么要活着？活着的意义是什么？

主人公福贵的出身，就如同他的名字一样，他原是一位阔少爷，可却因为嗜赌如命败光了家产，父亲被气死，母亲也患上了重病。在他被抓去当壮丁时，妻子含辛茹苦地养大了儿女，本以为回家后一家人终于能够过上好日子，儿子却在献血时因失血过多死亡，女儿也在生下小外孙后撒手人寰，只剩祖孙两人相依为命。可是没想到，小外孙因为吃豆子活活被撑死了，福贵埋葬了所有的亲人，与一头老牛相伴，孤独地活着。刚开始我不明白，为何福贵要如此努力地活着？直到看到书的末尾，我好像明白了缘由，正如书中所说，人是为活着本身而活着，而不是为活着之外的任何事物活着。当一个人面对艰难险阻还能乐观地活着的时候，我们便会对他生出敬意，我想福贵就是这样一个值得我们致敬的英雄。

反观我们现在的生活，物质条件越来越好了，可是人们的抗压能力却越来越弱，遇到一点小问题、小挫折就想不开，感慨为什么自己要活着，但其实我们每个人都不曾像福贵那样凄惨，无须面对亲人一个个离自己而去，那我们又有何理由不努力地活着呢？

当你迷茫，不知道活着的意义时，不妨去读一读余华先生的《活着》，努力地活着，在活着的过程中，追寻属于自己的高质量生活！

—— 电商 1226 班　陈子怡

第二章
诚以做人：明诚信、合作、自律之理

1

《非暴力沟通》是一本能帮助我们褪去隐蔽的精神暴力，疗愈内心深处的隐痛，建立和谐的生命体验的心理读物。道德评判、进行比较、强人所难、回避责任，是我们寻求自我平衡的沟通方式，但这种沟通方式却是一种难以发觉的精神暴力。作者在书中提出由“陈述事实——感受——需要——请求”四步所构成的非暴力沟通方法，通过“认真倾听别人”体会他人的感受和需要，“清晰表达自己”明了自己的愿望和期待，帮助我们突破那些引发愤怒、沮丧、焦虑等负面情绪的沟通方式，用温和的方法化解人际冲突。

——智能制造学院教师　马任兰

2

看完了《你的坚持，终将美好》，我在“年薪百万的本科毕业生都是怎样生活的”这一章节中看到主人公说过一句话：“每个人不一样。对我而言，把时间花在编程上，是我觉得最有意义、最开心的事。自律对我而言，是贴近我想成为的样子的方式，所以我越自律越幸福”，这句话让我感触很深。大一上学期教我们中国传统文化的老师也对我们说过这样的话：“越自律，越自由”。那个时候的我被她身上的气质及修养深深地吸引着，我在她身上看到了岁月静好，是她的自律给予了她岁月静好的资本。

我想那些优秀的人一定都有着一颗坚定、自律、从容的心吧，既清楚自己想要什么，也懂得为自己的人生而努力。我们终其一生都在自控自己的人生，高度的自控力让我们远离肥胖、痛苦、贫穷，当我们活得越自律，我们的人生就会越幸福美满。“纸上谈来终觉浅，绝知此事要躬行。”我立志要做个自律又自信的元气少女！

——校学生会青年志愿者服务中心　刘思慧

3

假期已过半，纵使窗外鞭炮轰鸣，也不能扰我分毫。我在看一本书，它是原新东方老师李笑来的作品——《把时间当作朋友》。这本书主要讲了如何管理时间，如何合理运用时间，如何把时间当朋友的方法，以及一些有用的关于时间的小故事。虽然网上对这本书的评论褒贬不一，但对我有很大的帮助。我喜欢这本书，首先是因为很佩服李笑来老师写书、做学问的态度和方法，其次书中的内容也特别吸引我。这本书带来的触动，让我开始尝试向积极的一面改变。就如同书中写的那样——我们的问题不是没有时间，而是不会用时间。

——校学生会纪检部　伍　苗

4

这段时间我看了《孝经》，“百善孝为先”，孝，是我们中华民族的传统美德，需要传承与继承；孝，是孝顺父母，孝顺长辈。

孝顺不是嘴上说说的，是要付诸行动的，在家里可以动手做自己力所能及的家务，即便帮不上父母的忙，但那份心是最重要的。不辜负父母的期望，努力学习，不顶撞父母，多关心父母，在外多打几个电话问候家人，这才是孝顺！扪心自问，我做得还不够。爸妈你们辛苦了，希望你们安康幸福。

——社团联合会办公室　张　倩

5

我在寒假期间读了《曾国藩家书》，其中我最喜欢的一篇文章叫《致四弟，教子弟去骄气惰习》，其主要思想是只有谦虚谨慎才是通向成功的路，人一骄傲就会满足于现状，这样就会导致失败。读了这篇文章，我知道了议论人家的短处，指责人家的失误，或是嘲笑别人的失败，这些都是属于骄傲的范畴。书中说“欲去骄字，以不轻而非笑人为第一义。”意思是想要自己不骄傲的话，就不能轻易嘲笑别人的短处。嘲笑别人不能让自己得到好处，别人也得不到帮助，于人于己都是没有用的，只有谦虚谨慎，才能实现自己的理想。

——社团联合会办公室　阳书龙

6

我花两天时间看完了《摆渡人》，它以美好的爱情为基础，讲述关于面对生存、死亡及爱情时如何做出抉择的故事。书中最戳中我内心的是，崔斯坦对迪伦说：“在这片荒原上，你是我的重中之重。”我想每个人都会有人生的荒原，荒原之景是心境之形。每个人都有难以抉择之时，每个人都会死亡，只愿身处荒原之时，每个人都不是孤单一人，并有勇气去直面，去战胜，去克服。

——校学生会护校队　刘　怡

7

我第一次看《解忧杂货店》是在高三的第一个学期，那时候的我非常迷茫，偶然看到有人推荐，于是我便买下了东野圭吾的《解忧杂货店》。这本书关乎爱情、关乎梦想、关乎家庭，许多人都说可以在书中找到自己的影子，我也是。虽然我没有经历书中的一些糟糕的事情，但是在读书的过程中我却能感同身受。东野圭吾在写这本书的时候始终在思考：站在人生的岔路口，人究竟应该怎么做呢？我给不出这个问题的答案，但是我相信书中的一句话：相信我，即使现在再怎么痛苦，明天一定会比今天更美好。

——大学生艺术团　林　烨

8

我在宿舍翻开《明朝那些事儿》后，便被它迷住了，作者当年明月将一些真实的历史事件以小说的形式写出来，让历史变得生动有趣。

书中令我印象最深刻的就是明朝开国皇帝朱元璋——他小的时候家中十分贫苦，在历朝历代的皇帝中，他应该算是出身最为卑微的了，但他却依靠出色的军事才能、管理才能成功起义，当上了明朝的开国皇帝。我细细品读这本书后，觉得他的成功不单单是依靠他的过人的天赋才能，他身上的那种迎难而上、勇往直前的精神也是他成就帝业的关键。我认为我们当代大学生正是缺少他这种精神，找工作嫌苦嫌累，遇到困难不愿迎难而上，甚至宁可待在家里，也不愿意依靠自己的双手创造价值。

我希望大家能和我一起来读一读这本书，了解一下我们中华民族的历史，学习一下历史人物身上所体现的精神。

——风电 1161 班　李　兵

9

今天是周末，外面下起了小雨，我拿起《人类简史》兴致勃勃地看了起来。这本书的写作方式很吸引人，我一口气把《第一部分：认知革命》看完了。这一部分的阅读让我对人类的起源有了全新的认识，原来人类都是由智人进化而来的。每种动物都有自己的语言，但是人类的语言可以表达更清晰的位置信息、情感信息等。看完这一部分，我不禁感叹语言的力量，也决心利用每一个机会去锻炼自己的表达能力，比如更认真地去准备课前一分钟，积极参加学校的各类活动等。

我想这就是读书的意义所在吧，读书不仅可以拓宽视野，而且可以对生活有所启迪。以后我一定按照制订的计划培养阅读习惯，不断充实自己。

——风电 1171 班　杨云龙

10

因电影《人生不设限》，我喜欢上了同名的这本书，毫不夸张地说，这是一本改变人生的书。

本书的作者叫力克·胡哲，他天生就没有四肢，曾经三次尝试轻生。但在他 10 岁那年，一次偶然的机会让他认识到：“人，要为自己的快乐负责”。伴随着自己的努力和蜕变，热情、生命力这些名词也在力克·胡哲身上得到了体现。经过多年的不懈努力，他终于成功了，并获得各国、各界领袖的接见，在各地发表了无数场演说。对于他的一生，我只能用“传奇”二字来概括！

读完这本书让我明白了：不要给自己的人生定下任何限制，因为人生本就有着无限的可能。自我的看法决定着人生的方向，“相信梦想会战胜一切”，这是书中意义深刻的话，也是我非常喜欢的一句话。

希望更多的人去感悟这本书，也希望这本书能让我们的人生有不一样的精彩！

——舍弗勒 1171 班　肖雨虹

11

《雷锋日记》中写道:“我要永远地记住，一滴水只有放进大海里才能永远不干，一个人只有当他把自己和集体事业融合在一起的时候才能有力量。力量从团结来，智慧从劳动来，行动从思想来，荣誉从集体来。我要永远戒骄戒躁，不断前行。”

现实生活中的许多事例告诉我们，一个人的力量是有限的，要完成一个伟大的目标，光靠一个人是远远不够的，我们需要团结周边一切可以团结的人，集众人之力来办大事。

对于我们学生来说，身边许多的事情其实都与集体密不可分，比如班级的各项活动没有众人的筹划是办不起来的；学校的校运会没有全校师生的踊跃参与也是火热不起来的。我们每一个人都身处集体中，无论是一个班级、一个学院，还是一个城市、一个国家，集体时时刻刻都在影响我们，我们也时时时刻刻都在影响集体。所以，团结就是力量，依靠集体的力量做一件事，远比一人的效率高。

—— 电气 1172 班　唐智康

12

信任是一个古老的话题，我们都希望被信任。出现由于自身力量的渺小，又或者目光所及的范围有限，致使改变自身境况的能力不足的情况时，我们就要学会借助其他力量的帮助。

作者霍萨格在《信任的力量》里告诉我们：信任是成功的基础，你的问题在于如何奠定这些信任基础。一旦这些元素变成你性格的一部分，你的可信度就会渗到周围的所有人际关系内，你的事业工作会有长足的进步。信任就是一种推动剂，它可以使人与人之间的好感度上升，信任也是一种美德的表现。

信任可以改变，可以改进，也可以毁坏。信任度越低，百业待兴的时间越长，代价越高，忠诚度越低。相反，相互信任的环境能够产生更大的创新空间、更高的士气、更多的成果。

你要问我信任的力量到底有多大，我只能说你的心有多大，信任的力量就会有多大，如果你在多元化的环境中被信任，那你的前途必将闪闪发光。

—— 工商 1173 班　吴　涵

13

在假期里我读了金庸先生的《天龙八部》，就像在角落里拾起了我曾经的玩具——在我很小的时候，我亦像其他男孩子一样有一个武侠梦，快意恩仇，驰骋江湖。

“天龙八部”取自于佛家释义，有“世间众生”之意，寓意着大千世界的芸芸众生背后笼罩着佛法的无边和超脱。仔细阅读不难发现，天龙八部其实充满着悲剧色彩。在雁门关一战中，萧峰尚在襁褓，母亲被杀，父亲在雁门关外的石头上写下一番话后被迫跳崖，故事由此展开叙述。我认为全书最精彩的是金庸先生对每一个人物的刻画，无论是慕容复的复国执念，或是萧峰的以天下为己任，或是段誉的痴心不改、虚竹的木讷老实……都值得读者仔细推敲。

作为一个女孩子，我对书中的女性角色更感兴趣，比如木婉清，我喜欢她的绝美容颜和天真烂漫。当南海鳄神岳老三三番五次纠缠段誉，欲收段誉为徒时，木婉清帮助段誉摆脱了纠缠并反收其为徒，可见木婉清的机智伶俐。

北大教授孔庆东说得好:“一部《天龙八部》,既叫人忧,又令人喜;既让人悲,又使人叹”。的确，看过《天龙八部》的人，都感觉不像在看武侠小说，反而像在看佛家典籍。小说自始至终都贯穿了一条主线：破孽渡冤，佛法无边，悲天悯人，舍生成仁。你可以说它是佛家典籍的演义，也可以说它是人道主义的复古，但于我而言，《天龙八部》是最能代表金庸人文精神和渊博学识的作品。

——会计 1174 班　蒋　幸

14

趁着这个假期我拿起了《解忧杂货店》阅读，书中讲述了三个少年为了躲藏追捕而栖身于一个名叫“浪矢”的杂货店，随着一封信件落下，提心吊胆的少年们在不经意间发现了破旧杂货店隐藏着连接过去与现在的秘密。

对三个少年来说，这是第一次有人向他们寻求建议，少年们感到新奇，于是用自己不太成熟的想法给对方提供了建议，暂时忘记自己的危险处境，因为他们感受到了被人需要的温暖，以及自己独一无二的价值。

不管是和浪矢爷爷本人通信，还是和过去的其他咨询者通信，浪矢杂货店都给予了咨询人与被咨询人勇气、信心和鼓励。

书中我最喜欢、最感慨的是克朗在梦想与责任之间做出选择的故事。家中亲戚都对克朗学习音乐表示不理解，但父亲与母亲始终支持着他，这也让他更坚定了自己的梦想。生活中的爱有很多种，但父母给予我们的爱才是最为坚实和稳固的，带着自己的梦想坚定地走下去，是对他们最好的回报，也是对自己的一个交代。

这本书还教会了我一个道理：要相信自己，勇敢无悔地去面对生活。

——机器人 1181 班　张　威

15

《人类简史》的作者是一个年轻的以色列历史学家——尤瓦尔·赫拉利，他以时间为主线，将人类的历史划分为了几个模块……我们读历史，最重要的不是历史事件本身，而是要通过“读史”来“知兴替，明得失，浊清扬”。历史已然成为过去，但历史给予我们的启发会让我们有机会创造更好的世界。

这本书与别的历史书最大的不同是作者看待世界的角度，他跳出固化思维，留给我们无限思考的可能。人类追求的最终目标是什么呢？是金钱、权力、地位、爱情吗？都不是，答案是快乐。什么是快乐？快乐是人的主观感受，快乐来自内心。

——中德 1182 班　赵梓然

16

在我很小的时候，我总是端坐在电视机前，静静地看着笙旗猎猎、战鼓雷鸣的战争场景目不转睛。直到长大后，我拿起厚厚的《三国演义》，便陷入其中，无法自拔。

《三国演义》反映了三国时代的社会斗争与矛盾转化，概括了这一时代的历史巨变，塑造了一群叱咤风云的三国英雄人物。三国英雄众多，而我独爱赵子龙，他是视金钱如粪土、视功名如草芥的蜀国五虎上将之一。读了这本书，我受益匪浅：刘备教我们遇事要冷静对待；曹操教我们做事不要多疑，我们要取长补短，战胜一切困难。

——机器人 1191 班　刘育俊

17

《解忧杂货店》里的克朗和大多数普通人一样，有理想却没有天赋，最后英年早逝，结局让人痛惜。在成长的过程中，我们也会遭遇很多不顺利的事情，但尽管如此，我们也不能轻易放弃。坚持不一定成功，但一定会让我们看见不同的风景。

书中精彩的故事，温暖的叙事，救赎式的尾声，让我读完之后意犹未尽。人世间有着千丝万缕的联系——爱情以另一种形式完成守护，并熠熠生辉；真情化作春风细雨，治愈了所有陷于迷途的人。这本书告诉我，即使生活没有事事顺遂如意，但是无论有多少羁绊，无论是甜蜜还是负担甚至是孤苦飘零，你总会被深深疼爱，被梦想，被亲人，被恋人，被陌生人，被命运所疼爱，所以我们要更加坚强，不要轻易放弃。

——造价 1194 班　陶永湘

18

《世界上的另一个你》告诉我们，我们很难知道下一秒会出现什么事情，也许生命就此终结，也许人生就此鲤鱼跃龙门，也许一事无成，但不管下一秒会出现哪种可能，我们都应该坚强地活着，只有活着才有选择的机会，也只有活着才能笑到最后。有人说人生就像一场赛跑，在发令枪响时，跑得最快的人未必是第一个到达终点的，最后一位到达终点的反而能目睹先行者的喜悦与悲伤。人与人的区别本来不大，只是“专注”造就区别，所以人与人的区别并不是从第一声啼哭就决定的，而是后天受父母的期盼、师长的教诲、生存环境等因素的影响，但归根到底还是个人生命的力量在起作用。最难的永远都不是事情本身，而是自我坚持，也只有坚持才能走到最后。

——机械 1194 班　黄　俊

19

《西游记》是一本家喻户晓的世界名著，它向我们展示了一个神奇又充满魅力的神魔世界。这是一本我从小到大都非常喜爱的书，书中唐僧师徒四人在西天取经的路上坚定执着、不畏艰险的精神，让我感动。现阶段正在学习的我们不就是要去取“真经”吗？学习和成长的道路上也会布满荆棘和坎坷，也会遇到各种各样的困难和挫折，也会遇到弯路甚至陷阱，但只要我们有不怕困难、坚持到底的决心，有克服挫折的勇气，有不畏艰险的精神，就会取得最终的成功。

——光热 1201 班　刘子涵

20

读一本好书，犹如结交一位挚友。读书学而有德，乃书香君子。

从呱呱坠地的那一刻起，我们便承载着多重身份，基于不同身份认识到许多新鲜事物，学习到各种知识。我很喜欢李筱懿写的《灵魂有香气的女子》，书中的名人、才女在历经沧桑后依旧能励志奋起、走出困境的坚忍气概是我所敬佩的。在阅读书籍的同时，我们也在阅读世界。

阅读于我们，不仅仅是追求一种“书卷气”，知识的简单叠加并不能充盈精神上的高度，要真正做到“腹有诗书气自华”，就要内化于心，外化于行，才能拓展出未来人生的无限可能。

——动漫 1213 班　李夏雨

第三章
敬以处事：明敬业、专长、创新之理

1

我最近看了摩西奶奶写的《人生永远没有太晚的开始》，这是一本很励志的书。

作者把她亲身经历的事写进了这本书中。她年轻时候的愿望就是画画，但她家人和朋友都告诉她，这个愿望太不现实了。她始终无法放弃自己喜欢的事，于是在她七十多岁的时候开始了她的画画生涯。我读了她的故事后，感受颇丰，其实只要是你喜欢的事，就努力去做吧，更何况你还这么年轻呢！如果你真的对某样东西感兴趣，那就尝试让自己投入进去，兴趣是最好的老师。当你不计功利、全身心地去做一件事时，投入的愉悦和成就感便是最大的收获与褒奖。

——社团联合会办公室　莫文洁

2

《你只是看起来很努力》一书阐述了一个观点：当你感觉累了，其实只是你身体的某个器官，或者某种感官暂时提不起干劲，但并不代表所有器官都进入疲劳的状态。通过阅读这本书，我明白了一个道理：当感受累了时，要有意识地训练自己，在感觉很想休息，但又不希望浪费一分一秒时，应该学会切换不同的任务。例如背单词累了，可以做计算题，可以画画，还可以去操场跑两圈。在不同阶段调动身体的各个器官，而不是单纯地通过休息来进行调整。如果每次累了都只想到停下来休息，那注意力就不可能集中。

——社团联合会办公室　陈子湘

3

这一周我读的书是姜文刚的《敬业的人最受欢迎》。我们常说“三百六十行，行行出状元”，想要在一个行业、一个领域做出特别大的成就，就要爱这个行业，要做到敬业，把这个行业的工作做到极致。只有不断钻研这个行业，才能发现问题、解决问题，并不断进步。这本书通过现实中的案例向我们介绍了那些敬业、爱业的工匠们身上的品质，帮助职场上的人们树立一种爱岗敬业的职业风范，他们将是我们学习和奋斗的榜样。

——社团联合会宣传部　邓雪梅

4

我要推荐的书是《正能量》，它讲述一个在职场混迹了三十多年的人的感悟。我认为里面的每一个例子都是经典的、引人深思的。从书名就能看出，这是一本能让自己变得更有正能量的书。但是，这本书不只写了正能量，还提到了职场的处事之道，指出了很多职场中易犯的错误。对于以后要走入职场的我们来说，这本书可以让我们少走很多弯路。书不是很厚，但写得干净利落，让人受益匪浅。

——校学生会学创部　马　磊

5

读了《拆掉思维里的墙》这本书后，我明白了我们每个人的思维里都有一堵墙，我们就是因为活在这堵墙里走不出去，所以导致我们有许多能做、想做的事情都被挡在这堵墙内。我们处于一种安全模式下，在这种所谓的安全模式之下，我们害怕去面对外界的太多不确定性环境，不敢去冒险，这导致我们与许多机会擦肩而过。让我们拆掉思维里的那堵墙，敞开自己的心扉，去看一看墙外面的世界吧！

——校纪检部　朱　聪

6

世界再嘈杂，匠人的内心也绝对是安静的、安定的。

汪涵有一本书叫《有味》，我初识《有味》是在集训时，大概是一次长假，那个放在角落里且落满了灰尘的书架和这本《有味》，在灰尘和阳光的照应下，显现出了另一番风味，似乎让人不得不把它捧在手心，品一品它的有味之处。

回归书本本身，作者汪涵在书中介绍了靖港的十个小物件，这十个小物件代表了十种手艺和十个故事，每个小物件的魅力都让我深陷其中。其中让我印象最深的，就是吕爹的故事：吕爹是做秤的，这一做就是六十年。吕爹在做秤时很少说话，他会反复地提起秤来看它的准度，眼神之中有宗教的虔诚。他会静止好长一阵子，他和阳光、微风、鸟叫、来往的路人，和充满生活气息的集市等一切美好的事物在一起，看起来是那么和谐，那么有味。

“如果说一个人的静是有重量的话，那它最好的方式就是用一颗心做秤砣，用大地做星盘，才能秤得起。”这是对吕爹毫不夸张的描写。吕爹年岁大了，经历的自然也多，但是无论外界如何变化，吕爹总是在那，坐在店铺前，手里拿着做秤的工具，认认真真地做着秤，要是做累了，他就抬起头看着各家各户的人，看着来来往往的人。看罢，就继续沉醉在做秤的有味当中。对于吕爹来说，秤的一头挑起了人间生计，另一头挑起了天地良心。

如果有机会去到靖港，去时，我会带着这本非常有味的《有味》，去看一看吕爹那些油黑光亮的工具，深深感受一下岁月的包浆，去找到那些被披上了世俗的外衣，但却躲在不世俗的地方的物件。木匠、墨工，或是折扇、油纸伞、河流，都会比人更为长久地活着，它们比其他复杂的东西，更值得记录。

——图书馆学生管理委员会 邝晓萱

7

在《厄运打不垮的信念》这篇文章里，我非常喜欢谈迁。

谈迁非常喜欢历史，于是下决心编写一部详细可信的明史书。经过20多年的奋斗，历经6次修改，终于在他50多岁的时候完成了一部400多万字的明朝编年史——《国榷》。可就在《国榷》即将正式面世时，巨著失窃，加上谈迁已年老体弱，并且家徒四壁，很多人以为他再也站不起来了，但他并没有放弃，而是下定决心重新编撰。我很佩服他这种坚定的信念。他一袭破衫，奔波在扑面而来的风沙中，日日奋笔疾书，终于一部新的《国榷》诞生了，当时的他一定是欣喜若狂的。

厄运之所以没有打垮谈迁，是因为他有坚定的信念，为了这个信念，他已经奋斗了20年，经过20年的风风雨雨，他是不可能放弃的。这让我们看到了谈迁在逆境中不服输、不低头、自强不息、不屈不挠的可贵品质，这也是滴水穿石的精神，我们要好好向谈迁学习。

在漫长的人生旅途中，难免会有崎岖和坎坷，只要有厄运打不垮的信念，绝望就会转为希望，只要具有滴水穿石的精神，就一定会排除绝望，迎来希望！

——校学生会礼仪队 朱雨雯

8

从《牛根生的创业人生》这本书中，我们发现牛根生的身上有着创业者为事业燃烧而不知疲倦的精神，有着为了完成使命不畏艰难的冲动，以及不达目的誓不罢休的心态。他的身上体现出草原般博大的胸怀和宽阔的视野，让人感受到中国传统文化中的仁义精神。他也是一个有大爱情结的商人，他以德经商，把自己的命运和国家、民族的命运联系在一起。2003年度CCTV“中国经济年度人物”颁奖词里这样评价他:“他是一头牛，却跑出了火箭的速度。”

有人说牛根生的魅力在于他的速度，有人说牛根生的魅力在于他的韧性，还有人说牛根生的魅力在于他的眼界。不管牛根生的魅力在哪里，他的创业经历、他的奋斗历程都给人留下了极为深刻的印象。他曾说:“创业其实没有什么，凭自己的力量去做成一件事就行。”他相信“傻瓜敲一个点也比聪明人到处砸坑深得多”。对于商业竞争，牛根生也有独到的见解，在他看来，每一个危难其实都是一个巨大的机遇，危难在哪里，机遇就在哪里；竞争伙伴不能称之为对手，而应称之为队友，他认为竞争是可以双赢的，甚至可以是多赢的。在蒙牛建立之初，实力相对较弱，于是牛根生采取“跟随战略”，模仿领先企业，提出“向伊利学习”的口号，一心一意谋发展。牛根生志存高远，要将呼和浩特打造为“中国乳都”，把蒙牛变成“中国牛”，最终变为“世界牛”。

牛根生的创业历程给了我们太多启示：责任有多大，舞台就有多大；做企业和做其他任何事一样，永远需要行动，需要激情，需要创造、创造、再创造。

——机电 1171 班　李　腾

9

我第一次接触读书活动是在超量学习通上的“读书 • 共享会”线上活动。那一天我打开超量学习通就看到了这个活动的推荐，好奇心使我点开了一个共读小组，在里面我看到了一段段精美的文字和读者的感言，于是我也加入到了这个活动之中，在活动中读书、写评论，在活动中结交书友。后面通过图书馆学生管理委员会的线上邀请，我参加了当期的“理工读书 • 共享会”现场活动。

这次活动让我喜欢上了“理工读书 • 共享会”，因为在这里有一群和我一样喜欢读书的人。在这个热闹喧嚣的世界，我们应该腾出时间去翻一翻我们书架上的书，不能让书架上的书感觉到“冷”。同时我们也要用书来充实自己，让我们内心的世界得到充实。阅读是快乐的，阅读的魅力是无穷的，无处不在的。

之后，我积极报名并成功成为领读者，并和书友一起阅读了《你只是看起来很努力》这本书。这本书是写给我们当代大学生的，所以读起来十分有代入感，尤其是那篇《最亲的人，最容易忽略他们的感受》令我感同身受。孝顺父母不是在父母年老时给父母多少钱，而是花时间多多陪伴父母。

同时，共享会还发生了一个令我印象深刻的小趣事，当时领读人提出了一个问题:“环境可以决定一个人的成就吗？”台下有位同学认为，只要自己有毅力、有恒心，他的成就可以不受环境的影响。而现场另一位同学表示赞同，并提到了少年毛泽东在闹市读书的经历，并用《平凡的世界》中的孙少平进行举例。两位同学在现场又进行了一番交流，聊到了他们看的书，聊到了他们对某一本书的感悟，他们越来越投机，并相约一起来当下一期的“理工读书 • 共享会”的领读者。这就是读书的魅力，因为他们读了同一本书，因为他们有着共同的爱好—— 读书，于是他们在交流中真正地感受到了精神的愉悦，两个曾经不相识的人也成为了朋友。

“理工读书 • 共享会”不只让我在学校里认识了书友，同时也让我对读书这件事更加地深爱。书不只是学习技能的工具，同时也是精神食粮。我始终记得冰心老人在《忆读书》一文中说过:“读书好，多读书，读好书。”

——机电 1172 班　邹章平

10

“理工读书 • 共享会”是从 2017 年开始举办的，那时也是我进入湖南理工职业技术学院的第一学期。当时的我很懵懂，对全新的大学生活充满了期待，于是当看到校团委的学生组织进行招聘的时候，我一口气报名了 4 个学生组织。我记得在参加图书馆学生管理委员会的面试时，面试老师问我:“最近读了什么书？”

我很意外也很纳闷，我有责任心，肯吃苦，肯做事，不就可以了吗？在面试结束后，那位面试老师告诉我："人有一颗真正想要读书的心最为重要，其他都是可以慢慢培养的。"

进入图书馆学生管理委员会后，我结识了很多优秀的伙伴。记得在第一次举行"理工读书•共享会"时，王贺敏学姐朗诵了一首自己写的诗——《致图书馆》。这些优秀的学长、学姐们，让我感觉到了自己的渺小，也让我以他们为标杆，努力成长。

在第二次参加共享会前，我们先一步在超星学习通上建立了线上共读小组，我作为线上平台的管理者之一，开始每天定期发布共读书籍的部分章节。刚开始，我只是按照线上方案的要求发布部分章节，也不是很明白为什么每次都要如此大费周章地进行发布。直到"理工读书 • 共享会"第五期，我突然发现，在每次发布完书籍章节的时间里，我竟然不知不觉读完了《岁月静好，不忘初心》这本书。这是一本优美的散文集，内容短小精悍，可对于一提到阅读就觉得艰难的我来说，能够读完这本书堪称奇迹。原来，共享会已经一步步地引导我们养成了日常阅读的习惯。

可能是过了心中的那道坎，从此我不再一提到阅读就望而却步，在参加一期又一期"理工读书 • 共享会"的过程中，我慢慢地发现了自己感兴趣的书籍。最近我又一次又碰到了面试我的那位老师，她再一次问我："最近在读哪本书呢？"我脱口而出："稻盛和夫的《六项精进》。"刹那间，我恍惚想起了一年前站在面试的讲台上那个窘迫而羞愧的自己，以及老师当时跟我说的那句"人有一颗真正想要读书的心最为重要"。

我觉得有很多同学跟曾经的我一样，误以为自己对读书提不起兴趣来，但其实只是少了一个契机，少了一把钥匙。我们之所以会为读书少而感到羞愧，正是因为我们也渴望能多阅读一些书籍。于是，在积极地参与"理工读书 • 共享会"的同时，我和图书馆学生管理委员会的小伙伴们也积极地向同学们宣传"理工读书 • 共享会"活动和"每天阅读一小时，每周阅读一本书"的活动机制。在老师的带领下，我们对各个班级的主要班委进行了宣传和超量学习通小组培训。我从参与者、领读人、主持人变成了推广培训小组的成员之一。我因"理工读书 • 共享会"开始慢慢阅读，我也随着"理工读书 • 共享会"一起慢慢成长。我知道，未来我和"理工读书•共享会"的路还很长。我觉得，我们都会越来越好，也希望更多的同学可以在其中阅读，在其中成长。

我很庆幸，我得到了学校老师的合理引导，从一个害怕阅读的人，变成一个找到了自己阅读兴趣的人。而"共读"这种有效的对话方式，"分享"这种有趣的交流方式，拉近了人与人之间的距离。共同阅读、共同交流，形成共同的语言、共同的价值和愿景，让我们在其中结交到不少志同道合的良师益友。"读书明理，知行合一"，我也会带着理工人的精神面貌，走向社会，成为新时代的年轻人，为祖国的发展贡献自己的力量。

——机电 1172 班　汤升桦

11

我看了《感恩做人 敬业做事》这本书，掩卷沉思，不仅感慨万千，书中所蕴含的哲理让我醍醐灌顶，心也得到了陶冶和升华。感恩和敬业不仅是品质的彰显，还是人格魅力的展现。在一个团队之中，如果把感恩和敬业作为精神核心，那么亲密无间的凝聚力、匠心独运的创造力将会促进团队的蓬勃发展。我们要怀揣感恩之心面对多彩变幻的世界，对给予我们生命并培育我们成长的双亲要有感恩的心，“百事孝为先”；对为我们提供和平安宁环境的祖国要有感恩之心，“乐以天下，忧以天下”；对教我们文化知识和做人道理的教师要有感恩之心，“一日为师，终身为父”；对我们朝夕相处的同事要有感恩之心，“兄弟同心，其利断金”。内心充满感恩之心就会乐观、积极地对待生活和工作，面对困难就会百折不挠，面对挫折就会越挫越勇、心胸坦荡、视野开阔。坚守敬业之本，勤勤恳恳，忠于职守，做一个尽职尽责的敬业之人。

通过阅读《感恩做人 敬业做事》，我进行了自我反省，我深知“路漫漫其修远兮，吾将上下而求索”。未来，我将用感恩的心、爱岗敬业的决心，在最平凡的岗位上创造出辉煌的业绩。

——市营 1173 班　唐春林

12

读了《我在故宫修文物》一书，我感触很多。一道宫墙，两番景象，宫墙外灯红酒绿，而宫墙内却有一群身怀绝技、“妙手回春”的文物修复师在数十年如一日地坚守寂寞，固守“冷宫”一隅，与文物为伴。一座宫廷钟表有上千个零件要严丝合缝地修复，一幅画临摹耗时几十年……这充分体现了匠人们对工作的敬业精神。

择一事，终一生，他们不为名利，只为守住国宝，守住故宫最初的模样，守住历史的结晶，守住中华文化“活”的灵魂。我们见过修复后的惊艳文物，却不知它们出自何人之手，更不懂文物修复师在这一过程中需要承受怎样的孤独，需要耗费多少心思。木器室的屈峰说:“文物的价值不在于修复，而在于传承。”

十年、几十年、几百年，在一代又一代传承中，他们用匠心和文物的主人进行着心灵的对话，在漫漫的修复之路上，他们用双鬓如霜换取文物的鲜活如初。坚持一件事或许不难，但一辈子都坚持一件事谈何容易？在物欲横流的时代，他们修复的不仅仅是文物，更是人们浮躁的内心和欲望，他们用一件件文物诠释着精益求精、精雕细琢的工匠精神，他们用责任和担当撑起了传承文物的一片天，不仅修复了文物，也延续了历史，更传承了生生不息的华夏文明。

——机器人 1181 班　高双可

13

我喜欢老舍先生的《茶馆》。在课堂上，老师叫我们分角色扮演了书里的各个人物，去揣摩人物与人物之间的关系，而该作品也从侧面反映了中国社会的走向。起初我是读不懂的，老师解析过后再去读，那感觉便又不同了。文学作品终究还是要多研究，要多理解。我们也会成长，也会进入社会，而学会理解便是进入社会的第一步。

生活，可以很无聊，也可以很有趣。心怀探索的激情和热爱，认真地过好每一天。

——会计 1183 班　吴　娟

14

“如果一枚六便士的硬币与一轮月亮摆在你面前，你会选择月亮还是六便士？”月亮代表着艺术，而六便士代表着现实。

在《月亮与六便士》这本书中，毛姆笔下的主人公斯特里克兰德义无反顾地选择了月亮，他不通世故，性格怪异。在平常人看来，他就是一个“疯子”。但对于我来说，他或许是到达了我们常人望而生畏的境界，他疯狂地追求自己的梦想，在满地都是六便士的街上，他毫不犹豫地选择了月亮。毛姆说:“追逐梦想就是追逐自己的厄运，而我们连面对自己厄运的勇气都没有。”

主人公斯特里克兰德有一个幸福的家庭，有妻儿，有工作，可他不满意现状，于是做了一个疯狂的决定——突然离开家去了巴黎，抛弃了有前途的事业和美满的家庭。他的离开只是为了画画，他执着地把自己内心的想法淋漓尽致地展现在画纸上，即便画得歪七扭八，他也毫不在乎，似乎存在于这世上的斯特里克兰德只有灵魂，没有肉体。虽说我能理解他为了神一般的艺术可以义无反顾，但有一点不敢苟同，他可以对常人表现出他的冷漠、无情，但他对平凡生活的那种不满与蔑视，却是那个时代表现出来的缺陷。现实中，我们需要平凡的生活，需要六便士，但同样也需要月亮！

“我总觉得大多数人这样度过一生好像欠缺点什么，我承认这种生活的社会价值，我也看到了它井然有序的幸福。但是我的血液里却有一种强烈的愿望，渴望一种更狂放不羁的旅途，我的心渴望一种更惊险的生活”，我觉得毛姆的这段话更像是主人公斯特里克兰德的内心独白。这种放弃平凡生活去追寻另一种惊险生活，义无反顾、不计后果的做法，是属于梵高、达•芬奇、毕加索，以及主人公斯特里克兰德的，他们都是疯狂追求梦想的艺术家。

我并不是天才，我愿意回到现实生活中，与六便士生活，追寻属于我自己的月亮。这本书给我最大的勇气便是在平凡的生活当中，去做好每一件真心想做的事，价值无关才能。

——会计 1184 班　李叶青

15

“一个人越努力，他的选择就越多，他的人生道路就会越走越宽阔”，这是《将来的你，一定会感谢现在拼命的自己》开篇的一句话。我们努力前行，但也要回首来时路，只有时时反省，才能发现问题，及时纠正，向着正确的方向前进。

书中说:“成功前，总有一段寂寞孤独的旅途。当走过黑暗与苦难的长长隧道之后，你或许会惊讶地发现，平凡如沙粒的你，不知不觉中已成为一颗璀璨耀眼的珍珠。”仔细想想，想要成功，那么“自在独行”一定是一堂必修课，享受坚持，感受孤独，最后才能有丰盛的收获。孤独成长，独自芬芳，无人可以替代，也没有谁可以给予，这段旅途只能自己去完成。

——汽车 1192 班　贺超鹏

16

《钢铁是怎样炼成的》告诉我们在人生的旅途中，虽然困难重重，但是风雨过后总会见彩虹。在突破障碍、战胜困难后，回顾走过的道路，我们就会领悟到那是磨炼人生这块钢铁的火焰。多少英雄、伟人，都是在熊熊燃烧的火焰中锻炼出来的。保尔曲折感人的故事让我明白了困境造就人才的道理，正是困境使人们努力。

在革命的熔炉中，我们见证一位懵懂少年历练成为战士。原来有信念、有理想，百折不挠地坚持，会对自己的一生有着那么大的影响。我要向保尔学习，像保尔所说“哪怕就只是拧紧一个螺丝钉，也是向遥远的伟大目标靠近一步”，只要我们有着坚强的毅力，所有的困难都会被克服。

——机械 1193 班　梁金婷

17

一个好故事能引人思考。在《马云内部讲话》一书中，马云用口语化和生活化的语言表达了自己的观点。他会给员工讲自己接触过的大人物的小故事，他讲过克林顿的沟通技巧，讲过孙正义的投资理念。马云擅长打比方，能把抽象的概念和数据变成可以与大家生活经验类比的感受，让语言充满视觉感。这些例子好像就存储在他的大脑中，需要时就信手拈来，这恰是丰富阅历给予马云的宝贵财富。

——会计 1193 班　宋美嫦

18

《创新者的心智模式》这本书认为，人们提倡即兴艺术，是因为它能将失败的恐惧转变为探索的热情，让我们可以探索新的思维方式，通过与他人交流发现新观点。惯用的思维模式可以说是在创新过程中遇到的最大的劲敌之一。人们往往更倾向于关注已知的、处于自己舒适圈的事物。而创新需要的是探索精神和创造力，我们要跳出舒适圈，积极探索新的事物。

本书的作者希望我们能像那些伟大的运动员或艺术家一样，带着探索和创新的精神一路前行。其实我们每个人都拥有改变人生甚至改变世界的创新潜力，如果我们都能努力克服对陌生事物的恐惧，并且不断培养创新思想和探索精神，那么我们的生活会变得更加精彩。

——步步高 1202 班　刘锦程

19

“生活不止眼前的苟且，还有诗和远方。”谁又能真的去触碰到自己的诗和远方呢？在当下高速发展的社会背景下，“适者生存，不适者淘汰”的规律仍然适用，有多少离家到北上广漂泊的游子们仍不断在生活的苟且与诗和远方中徘徊着。这让我一度陷入困惑，不能自已，但是斯特里克兰德用他的一生为我解答了这个困惑。《月亮与六便士》这本书用第一人称的视角，借“我”之口叙述了整个故事。一个英国证券交易所的经纪人，本已有稳定的工作、美满的家庭、令人羡慕的生活，但却突然迷恋上了绘画，于是弃家出走，远赴巴黎。通过这样一个一心追求艺术、不通人情世故的怪才，作者毛姆探索了艺术的产生与本质、个性与天才的关系、艺术家与社会的矛盾等引人深思的问题。

每个人生来皆平凡，都在各自的人生中拼尽全力。月亮是遥不可及的梦想，而六便士便是为了活着不得不获取的收入，多少人只是怯生生地抬头看了一眼月亮，又继续低头去寻找赖以生存的六便士。“我用尽全力，过着平凡的一生。”这句话说来讽刺，但却无比现实。“月亮与六便士”“理想和生活”到底哪个更重要？这是说不清的。但是，生活中确实有人像文中的主人公一样，放弃所有只为了梦想，就连毛姆也可能觉得不可思议，才会出声劝阻。但是，我由衷地佩服这些人，因为人生中有成千上万个岔路口，代表着无数个选择，也许他们会因为自己的梦想放弃一切的选择，因为找到了属于自己的一方天地，也许他们只会撞得头破血流，迷失在寻找月亮的路上，这份勇敢和毅力不是所有人都有的。

在现实生活中，小人物有小人物的无奈，大人物有大人物的不易。面对月亮与六便士，我们大多选择了六便士，因为大部分人的快乐是六便士给予的，但我们也不应该否定月亮的力量。

——创新创业 1203 班　谢佳怡

20

读《天才在左疯子在右》使我能感受到精神病人和正常人都有自己的思维空间和认知角度。天才和疯子可能只是时代造成的，如果一千多年前有人整天把电脑、航天飞机挂在嘴边，人们肯定会觉得这人是疯子。可是对于生活在现代社会的每一个人却不会对此有丝毫的质疑，因为它们都成为了现实。

我佩服故事中的每一个人，他们即使不被认可，但仍坚持相信自己，也许正是这种所谓的执念才让他们成为我们眼中的“疯子”吧。

每一本书都会给我们带来不同的世界，让我们接触到不同的思想，学习到新的知识，我们的知识面也因此而扩宽。读书就像登山，不同的高度有不同的风景，养成读书的习惯，终有一天能在山顶看到不一样的风景。

——光伏 1215 班　郭香香

21

《你只是看起来很努力》是一本值得看的书，这本书主要阐述了人们如何根据自己的现状来达成自己的理想，如应该具有什么样的态度、采取什么样的方法。任何没有计划的学习，都只是作秀而已；任何没有走心的努力，都只是看起来很努力而已。如果我们都能深知这个道理，不在稍微付出一点时就自我感动，那么我们就会离自己的目标更近一些。

努力不一定能成功，但不努力一定不能成功。优秀的人很多，所以我们也要让自己变得更优秀，才能跟得上脚步，不被这个社会淘汰。让自己无可替代，做别人不愿做的事情，把别人能做的事情做得更好！

——机械 1222 班　谭午南

22

在阅读完《重中之重》之后，我明白了两个道理，第一个道理是有科技才有未来，所以我将继续努力学习专业知识，争取为国家、为社会献出一份力量。第二个道理是“坚守的意义”，作为新时代青年的我们，更要坚守初心，抵制诱惑，勤学勤思，笃信笃行，做有执着信念、优良品德、丰富知识、过硬本领的好学生。在阅读这本书的过程中，我感受到了个人梦想与时代风云的热烈激荡，人物成长与社会发展的同频共振。作为中国青年的我们生逢其时，更应该加入到工业文化的发展与创新当中，敢想敢为、善作善成，立志做有理想、有担当、能吃苦、肯奋斗的新时代好青年！

——光伏 1224 班　姜筱雅

让学生在书香中成长（代跋）

人生大美是读书。自2011年以来，湖南理工职业技术学院持续推进“书香理工”读书品牌建设，发起“湘潭十大高校读书联盟”，在湖南省教育厅的指导下牵头成立“湖南省职业院校读书联盟”，推动全校师生形成爱读书、读好书、善读书的浓厚氛围，引导青年学生读书明理、读书增智、知书达礼，使其争当能工巧匠、大国工匠，培养新时代高素质技术技能人才，助力湖南职业教育内涵式高质量发展。

一、读书明理，育书香学子

立德首在明理，明理重在读书。学校践行“明理知行，精工致远”的校训精神，引导学生通过读书明生活之理、炼生存之技，知行合一，修德炼技。

倾情推出“理工书单”，引导师生读书明理。学校党委将明理作为育人的第一要义，为师生量身打造育人书单——“理工书单”，按照“三年学制、每周一书”原则，共推荐图书156种，引导学生读以修身、读以做人、读以处事，以课外之书辅课内之学，以生活之理长生存之技。“理工书单”自推出以来，掀起了校园读书热潮，推动了教师教书与学生读书有机融合，实现了教学相长、师生共进；推动了明理知行与精工致远有机融合，实现了知行合一、文理共进；推动了读书明理与知书达礼有机融合，实现了笃信笃行、学思共进。学校案例“湖南理工职业技术学院一周一书推荐书单及解读”荣获湖南省思想政治工作优秀研究成果奖。

持续开展读书月活动，推进“书香理工”建设。读书月以建书香理工、育书香学子为目标，明确学生在校期间重点读懂三方面、九大理：勤学、俭朴、乐观的修身之理，诚信、合作、自律的做人之理，敬业、专长、创新的处事之理，融入中华传统文化与现代职教特质，一体呈现党的育人要求和学校的办学追求。自2011年以来，学校已连续举办十三届读书月活动，不仅丰富了校园文化生活，还引导师生走出校门，积极践行服务社会的职责。学校图书馆长期致力于传承、弘扬中华传统文化，获评全国“中华传统文化经典•推广图书馆”。

创建评选“书香班级”，注入阅读动力。学校深入开展“书香班级”评选活动，推进“书香理工”建设，促使学生多读书、读好书，实现读书明理、以理行事。2018年学校出台“书香班级”创建评选办法，通过不断健全集体读书激励机制，为班级阅读注入动力与活力。“书香班级”从学生读书量、读书心得质量、读书活动参与人数三个维度评选，既有量的指标，又有质的内容，有效促进了“书香班级”质量的全面提升。截至2023年上半年，全校累计评选“书香班级”130个、“书香支部”7个。

二、读书增智，育大国工匠

针对高职教育培养高素质技术技能人才的类型特征，学校推出系列活动，引导学生读书增智，争当能工巧匠、大国工匠。

精心打造“理工读书 • 共享会”，营造浓厚的读书氛围。“理工读书 • 共享会”倡导趣味阅读、灵活阅读、共读共享。“理工读书 • 共享会”线上、线下同步推进，根据“理工书单”倡导的修身、做人、处事三方面、九大理，举办主题读书共享会，让师生在共读中培养读书习惯，在分享中获得学习提升。截至目前，“理工读书 • 共享会”共举办 177 期，参与人次逾万，活动深入全校各班级，使班级读书成为常态。

持续开展校长沙龙，引导学生做大国工匠。学校定期举办校长沙龙活动，鼓励学生以书为师，以勤阅读、学文化、强技能为己任，实现读书增智、读书养德、读书立志。2023 年已举办“做勇于担当的新时代大学生”“做德技并修的新时代大国工匠”系列主题活动。近五年，师生参加国家一类职业技能大赛获得国赛一等奖 14 项、省赛一等奖 41 项，6 名教师获得“湖南省技术能手”称号。学生综合素质测评合格率达 95%，毕业生初次就业率达 89%。

深耕信息素养教育，提升学生信息化能力。在信息技术高速发展的当下，为适应时代发展需要，学校引导师生勤阅读科技类书籍，强化师生科技素养和信息化能力，激励学生立志当能工巧匠、大国工匠。以信息素养大赛为载体，不断深化信息素养教育教学改革。学校在全国信息素养大赛中获国赛特等奖 2 项、一等奖 1 项，省赛一等奖 3 项，获奖数位居湖南省高职院校前列。

三、知书达礼，育时代新人

读书不仅能提升能力，同时也是一种高雅的生活方式。学校通过“书香理工”建设，培养师生读书习惯，使其知书达礼、讲规矩。

构建“四个一”体系，重在以文化人。学校持续开展“四个一”育人活动，即“每周一书、每课一讲、每日一记、每人一语”系列活动，激励学生将青春活力转化为学习的内生动力。以班级为单位开展“每课一讲”活动，常态化覆盖全校所有学生。2018 年师生参与“每日一书•经典导读（30 分钟听一本书，21 天打卡计划）”活动，取得全国第三名、湖南省第一名的佳绩。学校先后获评“湖南省文明校园”“湖南省文明标兵校园”，以及湘潭市深化全国文明城市建设“先进集体”。

推出“理工思政”品牌，重在活动育人。学校推出“理工思政”六大特质、二十大育人品牌活动，其中以读书为主题的活动有九项。在活动中，学校积极将读书成果运用到品牌活动中，坚持以品牌标准营造读书活动氛围，用品牌形象打造读书活动亮点，用品牌服务呈现读书活动成效，开展征文比赛、演讲比赛、读书分享会等活动，引导学生提高听、说、读、写能力和综合素养，激发学生主动学习的热情。学校先后涌现出补镕基、邹涛、吴梦英等近 10 名的湖南省百佳大学生党员。

打造“自律理工”品牌，重在以志励人。学校打造“自律理工”读书活动，引导师生将勤学、俭朴、乐观作为人生最重要的三种底色，力求生活有着落，精神有寄托；将诚信、合作、自律作为人生最基本的三项原则，力求做人有分寸，处事有底线；将敬业、专长、创新作为人生最可贵的三重境界，力求干事有责任，成事有办法。近年来，学生黄峰、邹涛、桂伟业先后获“中国大学生自强之星”奖学金，学校获评湖南省教育工委清廉学校建设工作考核优秀单位，并获得湖南省大学生“立德修身诚信为本”主题教育活动优秀组织奖。

教书育人，根本在人。湖南理工职业技术学院以“书香理工”建设为抓手，围绕立德树人、德技双修的育人目标，激发学生的读书热情，培养学生的审美情趣，增强学生的文化底蕴，使其树立正确的世界观、人生观、价值观，以读书引导广大学子自强不息、自律坚守，学一技之长、立报国之志、明读书之理，做德智体美劳全面发展的社会主义建设者和接班人，做担当民族复兴大任的时代新人和匠心传人。

——湖南理工职业技术学院院长　李　科

李科校长谈读书